Liebesbriefe an Hoki Tokuda Miller

Henry Miller

Liebesbriefe

an Hoki Tokuda Miller

Herausgegeben von Joyce Howard
Übertragen von Antoinette Gittinger

Eichborn Verlag

Titel der Originalausgabe:
Letters by Henry Miller to Hoki Tokuda Miller

CIP-Kurztitelaufnahme der Deutschen Bibliothek

Miller, Henry:
Liebesbriefe an Hoki Tokuda Miller : „liebste Hoki, Perle d. Ostens“ / Henry Miller. Übertr. von Antoinette Gittinger. — Frankfurt am Main : Eichborn, 1988
ISBN 3-8218-0173-5
NE: Miller, Hoki Tokuda [Adressat]; Miller, Henry: [Sammlung ‹dt.›]

Lektorat: Doris Engelke. Umschlaggestaltung: Uwe Gruhle.
Gesamtherstellung: Fuldaer Verlagsanstalt GmbH. ISBN 3-8218-0173-5.
Verlagsverzeichnis schickt gern: Eichborn Verlag,
Sachsenhäuser Landwehrweg 293, D-6000 Frankfurt 70

INHALT

Vorwort

Henry Miller war Ende Siebzig, als ich ihn durch unsere gemeinsame Freundin Anaïs Nin kennenlernte. Bei jedem Besuch in seinem Haus in Pacific Palisades war ich von neuem von der Vielfalt seiner Stimmungen fasziniert. Manchmal war er voller Vitalität, riß Possen und alberte herum, dann wieder konnte er richtig unwirsch sein, wenn er z. B. eine Rezension einer von der Kritik gerade sehr gefeierten Neuerscheinung las. Unwillig brummte er: »Das ist obszöner als alles, was ich je geschrieben habe!« (Noch immer konnte er nicht verwinden, daß seine großen, in den dreißiger Jahren geschriebenen Romane — *Wendekreis des Krebses, Wendekreis des Steinbocks, Schwarzer Frühling* etc. — bis in die sechziger Jahre in seinem eigenen Land verboten waren, während sie in Europa und Japan sofort zu den Bestsellern zählten!)

Und dann gab es noch den melancholischen Miller. Ab und zu besuchte ihn Hoki Tokuda Miller, seine inzwischen von ihm getrennt lebende Frau, deren außergewöhnliche Schönheit verwirrend war. Jedesmal, wenn sie sich wieder verabschiedete, spürte ich seinen großen Kummer.

Henry beschrieb sich selbst einmal als »einen skurrilen, nachlässigen, unbekümmerten, lustvollen, obszönen, ausgelassenen, nachdenklichen, ängstlichen, verlogenen und teuflisch wahrheitsliebenden Mann . . . voller Weisheit und Flausen im Kopf«. Zweifellos war er von allem etwas, und Gurdjieff hätte so viele »Köpfe« wohl gebilligt und verstanden. Doch gab es noch einen anderen Miller, den ich damals nicht kennenlernte — was mir heute sehr leid tut.

Eine völlig unerwartete Seite seines Wesens enthüllt er auf ergreifende Weise in den hier abgedruckten Briefen.

Einige Zeit nach Henrys Tod erhielt ich einen Anruf von Hoki. Sie erinnerte mich an unsere gelegentlichen Begegnungen, fragte, ob ich daran interessiert sei, Henrys Briefe durchzusehen und zu bearbeiten. Er hatte ihr die Erlaubnis erteilt, diese nach seinem Tod zu veröffentlichen. Ich war verblüfft, und meine Faszination, wuchs mit jedem japanischen Korb, der die Stufen hinuntergebracht wurde in meinen Canyon, wo sich Briefe, Karten, Fotos und Artikel vor mir stapelten!

Allerdings gab es wenige Briefe und Karten von Hoki, da sie damals noch nicht gut englisch schreiben konnte.

Ich wußte nicht, wie ich das Material ausbalancieren sollte, überlegte aber dann: Wenn es in dieser komplexen Beziehung keine schriftliche Äußerung von ihr gab, konnten vielleicht *Bilder* die Lücke füllen? Heute wie damals ist Hokis hervorstechende Eigenschaft ihr sanftes natürliches Wesen, ihre Warmherzigkeit. Wenn sie einen Raum betritt, verbreitet sie Wärme. Da sie ein von Grund auf bescheidener Mensch ist, merkt sie nicht, welche Wirkung sie auf Menschen ausübt. Ich hoffe, diese Aufnahmen lassen nicht nur diese Seite ihres Wesens erkennen, sondern auch ihre Verletzlichkeit, die Henry so verlockend und quälend fand.

Norman Mailer behauptet, »Henry war nicht in der Lage, liebevoll übers Vögeln zu schreiben«. Doch genau das gelingt ihm in diesen intimen und wahrhaft herzzerreißenden Briefen. Hinderte ihn seine Scheu daran, solche tiefen und geheimen Gefühle in sein literarisches Werk einzubringen? Gewiß offenbart jener Henry, der bis zwei oder drei Uhr morgens wach lag, den es trieb, immer noch ein Aquarell von Hokis Gesicht zu malen, das ihn pausenlos verfolgte, der seine Sehnsucht nach ihr in Briefen ausdrückte (von denen er einige nie abzuschicken wagte!), einen ganz anderen Aspekt seiner komplizierten Persönlichkeit. Diese Briefe zeigen den Mann, den man den »Rammler« nannte, in einem völlig neuen Licht.

Diese ungewöhnliche und besessene Liebe hat wohl ihre Wurzeln in seiner Kindheit. Wie Henry in *»My Life and Times«* schrieb, hatte er von seiner Mutter keinerlei Zuneigung erfahren. Das wird deutlich in einem Zitat: Nie erfuhr ich Zärtlichkeit von ihr, bekam weder einen Kuß noch eine Umarmung. Ich kann mich auch nicht erinnern, daß ich je die Arme um sie geschlungen hätte. Ich dachte, alle Mütter seien so, bis ich eines Tages einen Freund heim begleitete. Wir waren zwölf Jahre alt. Ich ging mit ihm nach der Schule nach Hause und erlebte, wie seine Mutter ihn begrüßte: »Hallo, Jackie. Wie geht's dir, mein Schatz? Wie war's in der Schule?«, und sie umarmte und küßte ihn. Noch nie zuvor hatte ich solche Worte vernommen, eine so liebevolle Stimme gehört. Das war eine ganz neue Erfahrung für mich. Natürlich gab es in dieser schwachsinnigen deutschen Umgebung strenge Zuchtmeister, wirklich brutale Menschen!

Später fühlte sich Miller zum Orient hingezogen — er las viel über China und Japan. Im Oktober 1933 schreibt er in einem Brief an Anaïs Nin über den Film »Madame Butterfly«: »Vielleicht liegt es daran, daß ich mich immer mehr zum Orientalen entwickele, aber ich fühle mich von neuem bewegt.« Im gleichen Brief gibt er ihr eine Liste von Büchern, die sie lesen soll, darunter zwei über China und *»Tales of Old Japan«*. Er schildert auch sein spartanisch eingerichtetes Zimmer in Clichy in Frankreich und schreibt, es habe eine orientalische Atmosphäre — voller Harmonie und Gelassenheit.

1938 gesteht er Anaïs Nin in einem anderen Brief, er sei »im Grunde seines Herzens ein *Chinese*«.

Es ist schwer zu sagen, inwieweit dieses brennende Interesse am Orient sein Unterbewußtsein auf Emil Whites Brief aus Japan einstimmte, den Jay Martin in »*Always Merry and Bright, the Life of Henry Miller*« wiedergibt:

> Sein alter Freund Emil White ... schrieb aus Japan, Miller solle in dieses Land kommen und hier »seine letzte Frau« finden. Von jeher hatten ihn die Geishas fasziniert, und er träumte davon, eine vollkommene Geisha zur Frau zu haben — vorbehaltlos geliebt und niemals verlassen zu werden ... Das Idealbild der ergebenen orientalischen Frau spukte ihm im Kopf herum.

So glaubte Henry immer mehr an die Macht der Liebe. Er schrieb Lawrence Durrell von Goethe, der mit über Siebzig eine Liebesromanze mit einer Neunzehnjährigen erlebte und ein glühendes Gedicht über sie schrieb. Henry bewunderte Pablo Casals' glückliche Ehe, der mit achtzig eine Zwanzigjährige heiratete. Auch Henry wollte eine ganz romantische Liebe erleben. Als er Hoki Tokuda kennenlernte, schienen sich all seine Sehnsüchte zu erfüllen. Sie war jung, besaß eine natürliche Schönheit, war eine talentierte Pianistin und vielsprachige Sängerin, die mit ihrer Mutter am Konservatorium in Ontario, Kanada, Musik studiert hatte. Als er sie bei seinem Arzt und Freund, Dr. Siegel, kennenlernte, war sie erst seit ein paar Wochen in Amerika und trat im Imperial Gardens auf. Sie war jedoch eine selbständige, eigenwillige junge Frau, ganz bestimmt keine Geisha, wie Henry bald entdecken sollte!

Als diese Ost-West-April-Oktober-Beziehung begann, war Henry 75 und Hoki 28 Jahre alt. Diese Beziehung ist ein psychologisches

Puzzle, und wegen der so außergewöhnlichen Persönlichkeiten, die daran beteiligt waren, ist es einzigartig.

Am Ende ihrer Ehe schrieb Henry sein Buch über Hoki, das auch Gemälde enthält. Es heißt »Insomnia«. Henry schreibt darin:

> Sie hat nicht alle Briefe gelesen, aus dem einfachen Grund, weil ich sie ihr nicht geschickt habe. Die Hälfte meiner Briefe ist in meiner malerischen alten New England-Truhe aufbewahrt. Einige von ihnen sind frankiert, tragen den Vermerk: »Eilpost«. (Wie rührend es doch wäre, wenn sie sie zugestellt bekäme, nachdem ich sechs Fuß unter der Erde liege!) Dann könnte ich von oben meinem geliebten Wesen zuflüstern: Meine Koi-bito (Liebste), ich finde es bewegend, diese *rabu reta* (Liebesbriefe) über Gottes Schulter hinweg zu lesen. Die Franzosen sagen: *»Parfois il se produit un miracle, mais loin des yeux de Dieu* (manchmal geschieht ein Wunder ohne Wissen des Herrgotts). Gott interessiert sich nicht für Wunder. Schließlich ist das Leben selbst ein ständig neues Wunder. Nur wenn man unsterblich verliebt ist, hofft man auf Wunder.

Und natürlich gab jemand Hoki diese »Eilbriefe«. Hier sind sie, zusammen mit denen, die er über »Gottes Schulter« lesen wollte.

Joyce Howard,
Santa Monica,
Kalifornien

Teil I

Der Anfang einer Liebe

1966 war Henry Miller 75 und lebte in Pacific Palisades in Kalifornien. Nach jahrzehntelangem Verbot war sein Werk endlich auch in Amerika veröffentlicht und anerkannt worden. Wendekreis des Krebses erschien 1961; Wendekreis des Steinbocks, Schwarzer Frühling, A Private Correspondence with Lawrence Durrell 1963 und die Trilogie Sexus, Plexus, Nexus und Briefe an Anaïs Nin 1965.

Im Februar 1966 ging Henry zum Tischtennisspielen zu seinem alten Freund und Arzt Dr. Lee Siegel und lernte dort Hoki Tokuda kennen, eine schöne Japanerin von 27 Jahren, die erst vor kurzem ihr Land verlassen hatte. Sie war eine hochtalentierte Pianistin und Jazzsängerin. Bald war Henry Stammgast im Imperial Gardens, wo sie auftrat, und verliebte sich unsterblich in sie.

Die ersten drei Fotos, die er ihr zuschickte, zeigen ihn mit drei Jahren.

22. Februar 1966

Liebe Hoki,

ich hoffe, ich sehe Sie an einem Abend dieser Woche im Imperial Gardens. Vielleicht bringe ich meinen Freund Joe Gray mit. Er möchte hübsches Japangirl kennenlernen.

Henry Miller

23. März 1966

Liebe Hoki,

nur ein kleiner Gruß, damit Sie wissen, daß ich an Sie denke. Wenn Sie am Samstagnachmittag nichts vorhaben und Lust auf Tischtennis haben, dann kommen Sie doch gegen drei zu Frank Tashlin. Ihnen und Ihrer Schwester alles Gute!

Henry-San

25. März 1966

Liebe Hoki-San,

der gestrige Abend in der Galerie war wieder wunderbar. Bin jetzt rechtschaffen müde. Denke immer an Sie und hoffe, Sie finden bald ein Haus. Wenn möglich, möchte ich Sie noch vor Sonntag sehen, doch ich kann es nicht versprechen. Habe im Augenblick sehr viel zu tun.

Henry X X X

Im April schickte er ihr fünf selbstgemalte Aquarell-Postkarten, die fortlaufende Botschaften enthielten:

13. April 1966

EIN FISCH
Liebe Hoki, das seidene Halstuch (Utamaro) war ein reizendes Geschenk. Es gefällt mir sehr. (Arigato!) Gibt es noch andere mit Zeichnungen von Hiroshiga und Hokusai? Wo kann ich sie finden? Sie müssen viel schlafen! Vielleicht sehe ich Sie am Samstag bei den Tashlins zum Tischtennis ???

Henry Miller

DER URALTE

Am gleichen Tag (2. Karte) WU WEI

Vor einigen Jahren spielte ich in Monte Carlo nach einem System. Der Gewinn ließ zu lange auf sich warten — es war wie ein ewig herausgezögerter Orgasmus. Dostojewski, mein Lieblingsschriftsteller, war ein besessener Spieler und verlor ständig. Er verpfändete immer wieder die Unterröcke seiner Frau, um spielen zu können. Er war Epileptiker. (Fortsetzung auf der nächsten Karte)

DER HUT UND DER MANN

Ein Amerikaner machte Japan der Welt zugänglich, und ein Amerikaner (Babcock) brachte Mah-Jongg (von China) in die USA. Russ Tamblyn, ein befreundeter Schauspieler, der gerade aus Japan zurückgekehrt ist, erzählte mir heute seltsame Geschichten über Ihre Heimat. Ein anderer Freund, ein Franzose im diplomatischen Dienst, berichtete mir, Pierre Loti sei homosexuell gewesen ... (Fortsetzung folgt)

ZWEI JUNGE MÄDCHEN

(Karte 4) ... und habe Frauen gehaßt. Hinter Madame Chrysanthème verbarg sich wahrscheinlich ein Liebhaber, der ihn schlecht behandelt hatte. Wie gefällt Ihnen diese Interpretation? Heute abend sah ich Prof. Ito, einen japanischen Ringer, der einen amerikanischen Boxer besiegte — im Ringkampf. Saubere Judoschläge! Der ehrenwerte Ito-San war sehr charmant — ein guter Kämpfer! Schlafen Sie gut, damit Sie ... (Fortsetzung folgt)

MELANCHOLIE

(Karte 5) ... am kommenden Freitag bei einem Mah-Jongg-Marathon mitspielen können, der drei Tage und Nächte dauert — nonstop. Ich esse jetzt täglich sashimi und dunklen Rettich zum Lunch. Verleiht mir mehr Charakterstärke, um den Ehrenwerten Verführerinnen aus Japan, China, Burma, Siam, Vietnam, Annam und so weiter besser widerstehen zu können. Bald habe ich ein Herz aus Stahl.

Henry-San

April 1966

Liebe Hoki!

Heute abend waren Sie berückend schön. Jedesmal, wenn ich Sie betrachte, frage ich mich, sind Sie glücklich oder traurig? Immer tragen Sie eine Maske. Doch ich glaube, manchmal gelingt es mir, hinter die Maske zu blicken — wie Alice, die durch den Spiegel tritt. Ich würde mich gern in Sie verlieben, aber ich weiß, daß Sie nur in die Liebe verliebt sind. Gott segne Sie!

Ihr Freund
Henry-San

Mai 1966

Liebe Hoki
Watakushi no koi bito!*

Hier ein kleines Bild von Hiroshigas »Tokaido«. Das ist wohl das »Dampfbad«, von dem Joe ständig redet. Die Schriftzeichen auf der Rückseite stammen von meinem japanischen Freund Ueno-San aus Ichinoseki.
Wann bekomme ich die Massage, die Du mir versprochen hast? Ich habe wegen des Albums von Jacqueline François »The Soul of a Poet« an ein Pariser Musikgeschäft geschrieben. Für Dich. Ich hoffe, Du hast letzte Nacht viel Geld gewonnen. Hoffe auch, Du hast noch etwas Zeit zum Schlafen gefunden. Wenn Du Dich gelöst fühlst, nicht nervös, ungeduldig, frustriert, dann setz Dich hin und schreib mir einen Brief — und mach Dir keine Gedanken über Englischfehler. Ich würde Dich sogar verstehen, wenn Du Suaheli schreiben würdest!

Dein romantischer Freund
Henry-San

* Meine Liebste, meine Geliebte!

25. Juni 1966
Sternennacht

An Hoki!

Heute nacht bist Du bezaubernder denn je. Heute nacht habe ich die Maske ein ganz klein wenig gelüftet — und einen Blick auf Deine Seele geworfen. Alles ist strahlend, weich und voller Zärtlichkeit. Das inspiriert mich, Dir ein paar Zeilen auf japanisch zu schreiben — wie diese:
Anawata kokosau i ju machi takeawa mori sansumatu okobichi imusato onosara bimono sai — meiji watasi obichneko kokoro.*

Fidèlement votre
Sensei Homru

Anm. d. Herausgebers: * watasi = mein, kokoro = Herz.
Der Rest ist Henrys japanisches Kauderwelsch.

29. Juni 1966

Liebe Hoki, nur eine kleine Botschaft, um Dir zu sagen, wie entzückend Du gestern abend in Deinem Kimono ausgesehen hast. Ich bin immer noch auf der Suche nach Jacqueline François' Platte ›The Soul of an Poet‹.
Wenn Du von San Francisco zurück bist, sehen wir uns. Sei brav und gib »*wiederholt*« auf Dich acht — wie man auf japanisch sagt.

Henry

3. Juli 1966

Liebe Hoki Horiko Kokoro-Ko!*

Guten Morgen! Hattest Du eine gute Reise nach San Francisco? Ich habe Dich vermißt! Wollte Dich gestern abend noch anrufen — bin aber eingeschlafen. (Verzeih mir!) Hast Du viel gewonnen? Ich wünsche es Dir.

Henry-San denkt die ganze Zeit an Dich — ob Du glücklich bist oder nervös oder ungeduldig und so weiter.

Gestern abend sahst Du entzückender denn je aus. Ich sage Dir immer das gleiche — aber es ist die Wahrheit.

Du nimmst immer mehr Raum in meinem Inneren ein. Ganz allmählich bringst Du meine Widerstandskraft zum Schmelzen. Bald bin ich Dir ganz ausgeliefert, und Du kannst triumphieren. Ein Sieg!

Wenn ich Dir nur auf japanisch schreiben oder in dieser Sprache mit Dir reden könnte. Wir könnten uns so viel sagen! Ich sitze jetzt in einem Restaurant, ›Frascati's‹, und trinke Kaffee mit Schlagsahne. Die Kellnerin stammt aus Paris — Montmartre —, und wir unterhalten uns auf französisch über alle möglichen Dinge. Das bereitet mir Wohlbehagen. Als würde mich jemand massieren. Meine Seele wird ruhig. Ich werde wieder wie ein Kind unschuldig. Nun ist das Blatt voll. Schade. Ich könnte mit Tausenden von Worten Hoki-Ko sagen, was für eine wunderbare Frau sie ist. Nun bist Du an der Reihe, mir ein paar Zeilen zu schreiben. Okay?

Je t'embrasse tendrement.

Henry-San

* Mein liebes Herz

Watakushi — no koi bito!* 12. Juli 1966

Mein Japanisch ist »pinto-ga awani«.** Verzeih mir! Ich lege Dir einen recht witzigen Brief eines unbekannten Verehrers bei. Achte auf den letzten Absatz. Wie steht es in Deinem ehrenwerten Haus »O-ouchi«***?

Vielleicht telefonieren wir noch miteinander, bevor Du diesen Brief bekommst. Mein Freund Gimpel (Pianist) und seine Frau haben diese Woche keine Zeit, ins Imperial Gardens zu kommen. Nächste Woche schon. Vielleicht nehme ich am Mittwoch (morgen) Josette Hasson, die junge Ägypterin, mit zum Dinner ins Imperial. Wenn Du keinen Auftritt hast — iß doch bitte mit uns.

Ich muß jetzt einen Brief »watashi no musuko ni«**** schreiben.

Ich habe einen Kimono, den Geta, den Obi, einen Fächer und einen Sonnenschirm, doch das reicht nicht, um aus mir einen guten Japaner zu machen. »Areba-yo gozoimasu ga!«*****

Vielleicht werde ich in meinem nächsten Leben ein echter *Sensei,* und dann spiele ich das Samisen oder das Koto. Oder ich mache wunderschöne Gedichte, wie Basho, oder male schöne Frauen, wie Utamaro. Dann wäre es nicht schlimm, wenn mir eine schöne Madame Chrysanthemum das Herz brechen würde. Es ist schon so oft gebrochen worden, daß mich das nicht mehr erschüttern kann. Ich bin immer bereit, es an die Richtige zu verlieren.

Das klingt wohl recht verworren, oder? Ist nur ein Vorwand, Dir ein paar Zeilen zu schreiben.

Bleib gesund, achte auf Deine Stimme, bewahre Dir Deinen Appetit und ein offenes Herz.

Je t'embrasse. Henry-San

* Mein lieber Schatz.

** reichlich verworren.

*** Haus

**** Ich muß einen Brief an meinen Sohn schreiben.

***** Wenn ich nur mehr hätte! (japanische Kultur)

20. Juli 1966

Liebe Hoki — koi bito!*

Die Platte mit der Harfenmusik von Ravel bekomme ich erst nächste Woche, also gebe ich Dir inzwischen ein wenig Flamenco. Dazu mein Album mit den Aquarellen, das ich Dir schon lange versprochen hatte.
Ich lege Dir den Artikel von Marianne Ruuth bei. Gibst Du ihn mir bitte am Freitagabend zurück, wenn ich mit dem Ehepaar Gimpel zum Dinner komme?
Falls es Dich nervös macht, wenn er an der Bar sitzt und Dich beobachtet, könnten wir ja einen Tisch neben der Bar nehmen. Ganz wie Du willst.
Kopf hoch! Bis bald!

Henry-San

P. S.: Wann bekomme ich das »gokuraku-ojo?«

* Meine Liebste.

HILF, LIEBE IN DIE WELT ZU BRINGEN!
SPIEL NICHT MAH-JONGG!
SPIEL DAS KOTO WIE EIN ROBOTER!
(Rat an den Liebeskranken)
von
Prof. (Sensei) Valentino
Mira

17. Juli 1966

Liebe Hoki,

nachdem ich heute an Anaïs Nin geschrieben hatte, konnte ich nicht widerstehen: Ich muß Dir den Brief schicken, in dem sie mir ihre ersten Eindrücke von Deinem schönen Land geschildert hat. Ich bin sicher, daß sie die Reise in ihrem Tagebuch — Band 183 oder 192 — erwähnen wird!! Und Du wirst es eines Tages lesen können, mir wird das wohl versagt bleiben.
Ein Satz auf der ersten Seite Deines Briefes hat mich sehr bewegt: »Ich fühle, daß ich mein Herz zurückbekommen habe« (bei der Musik von Ravel). Das ist wunderschön. Kein englischer Schriftsteller hätte es so ausdrücken können. Du sagst es korrekt, aber sehr ungewöhnlich. Dein Satz ist besser als alles, was wir vielleicht sagen könnten. Dieses Herz (kokoro) macht mir jedesmal, wenn ich Dich sehe, sehr zu schaffen. Du sollst wissen, daß Du mein Herz berührt hast. Ich glaube an das Herz — es hat immer recht, auch wenn es uns Traurigkeit oder Verzweiflung bringt. (›The Wisdom of the Heart‹ heißt eines meiner Bücher.) In letzter Zeit ist durch Dich mein Interesse an guter Musik wieder voll erwacht. (Ich höre gerade Bachs »Messe in h-Moll«. Wunderbar!)
Muß jetzt aufhören — bin mit den Siegels zum Tischtennis verabredet. Vielleicht treffe ich Dich dort. Wenn nicht, wünsche ich Dir viel Vergnügen beim Stierkampf! Olé! Olé!

Dein
Cocorico!
Henry-San

20. Juli 1966
(Mitternacht)

(Komme gerade vom Imperial Gardens)

Geliebte Hoki,

jedesmal wenn ich Dich sehe, bin ich ein bißchen glücklicher — und trauriger. Glücklich, weil ich Dich wiedersehe, traurig, weil ich Dich nur so kurz sehe. Was kann man dagegen tun? Ich weiß nicht. Wir bewegen uns auf verschiedenen Ebenen, sind wie Züge, die in der Nacht aneinander vorbeirasen. Hallo! Bis zum nächsten Mal, Sayonara! A bientôt! Meine Augen ertrinken noch in den Deinen; ich sehe Deine wehenden Haare, und ich streife einsam durch einen Bambuswald, verzaubert von Deinem Lächeln, das kommt und geht, so wie Wolken über einem Sommerhimmel jagen. Ich fühle mich Dir so nahe und bin doch tausend Lichtjahre von Dir entfernt. Ich danke Dir, daß Du mein Herz wieder zum Schlagen gebracht hast — wenn es doch nur zerspringen würde! Die Tage vergehen, und meine Liebe zu Dir wird immer stärker. Ah ja, »love *is* a many splendored thing!« Du machst mich reich.
Gesegnet seist Du, meine geliebte Hoki! Sprich im Traum zu mir — ich lausche.
Habe immer noch den Klang Deiner Stimme im Ohr.

Henry-San

26. Juli 1966

Hoki-San,

wie geht's Dir? Guten Morgen — oder sollte ich schon guten Abend sagen? Gib auf Dich acht — *»wiederholt«*. Setz beim Spielen nicht Dein Leben! Oder gib mir Dein Herz (kokoro) — bitte! Ich werde es auf meinem Ärmel tragen.

Henry-San

August 1966
Sonntag-Mitternacht
(Tag des blauen Pfaus)

Liebe, liebe Hoki,

es war ein so schöner Tag. Ich bin noch trunken vor Glück. Welche Wendung! Als wir zu Dir gingen, war ich drauf und dran, Dir zu sagen, daß ich Dich nie wiedersehen will. Ich könnte unmöglich mit Dir leben, wenn Du die Frau wärst, die Du im Restaurant gespielt hast. Doch Du bist anders — und Du hat mir das gezeigt. Und ich glaube Dir. Aber vielleicht bist Du etwas unsicher, etwas verwirrt, hast vielleicht sogar Angst, der Wirklichkeit ins Auge zu blicken. Wir haben so wenig Zeit füreinander gehabt, so wenig vertraute Gespräche, so wenig Gelegenheit, uns näher kennenzulernen. Ob es stimmt oder nicht — ich habe das Gefühl, daß Du mit mir gespielt hast — und das kränkt mich, verletzt meinen Stolz.

Weshalb sollten wir miteinander spielen? Du bist eine Frau und kein Teenager mehr. Ich erwarte, daß Du mir gegenüber ehrlich bist. Du bist die Frau, die ich aufrichtig liebe. Ich liebe Dich von ganzem Herzen. Ich kenne viele Frauen, verabrede mich mit vielen, doch das hat keine Bedeutung. Ich treffe mich mit ihnen aus Verzweiflung — weil ich Dich nicht sehen, nicht mit Dir zusammen sein, Dich nicht so lieben kann, wie ich es mir wünsche.

(Ich weiß, das gleiche gilt für Dich. Ich werde eifersüchtig, wenn ich an der Bar sitze, und die Männer Dich mit den Augen verschlingen.) Trotz unserer Anziehungskraft auf das andere Geschlecht habe ich das Gefühl, daß zwischen uns eine starke Bindung besteht. Ich glaube, daß wir zueinander gehören, einander glücklich machen könnten. Ja, mehr noch — ich glaube, wir könnten uns gegenseitig helfen, ein erfüllteres, lebenswerteres Leben zu führen. Doch dafür müßten wir uns öfters sehen, unsere Gedanken und Gefühle austauschen, herausfinden, ob wir wirklich zueinander passen, oder ob es nur ein Traum, eine Illusion ist.

Ich war überglücklich, als Du mir sagtest, daß Du Dich nach einem anderen Haus umsehen würdest. Dann könnte ich Dir vielleicht näher kommen, Dich öfters sehen, intimer mit Dir zusammen sein. Wie kann ich wissen, wie Du wirklich zu mir stehst, solange wir keine engere Beziehung aufbauen? Was können wir verlieren, wenn wir uns näher kennenlernen?

Ich könnte Dich morgen heiraten und Dir damit zu Deinem Visum verhelfen, doch das wäre keine echte Heirat. Wenn ich Dich heirate, dann deshalb, weil Du mich liebst, mich begehrst, ohne mich nicht glücklich sein kannst. Wenn ich Dich heirate, will ich Dich ganz, mit Leib und Seele. Das soll nicht heißen, daß ich Dich mit Haut und Haaren besitzen will. Du sollst Deine Freiheit als Individuum behalten, doch es würde mich beglücken, wenn Du diese

Freiheit durch die Liebe zu mir finden würdest. Ich glaube, ich kann Dir viel geben, genauso, wie Du mir viel geben kannst. Auch wenn Du meine Bücher nicht liest, weißt Du sicher, daß ich ein erlebnisreiches Leben hinter mir habe, mit allen möglichen Erfahrungen. Und wenn ich mich manchmal wie ein kleiner Junge oder wie ein Clown benehme, hoffe ich, daß Du dahinter den Mann von Welt, den Abenteurer, den Künstler, ja, sogar den Heiligen, den »Sensei« erkennst. Ich weiß sehr genau, wer ich bin und was ich bin. Ich kann immer noch lernen, Fehler machen, unsinnige Dinge anstellen. Ich lebe voll und ganz in der Gegenwart — und stehe mit einem Bein im Grab. Das Leben war gut zu mir — oder vielleicht sollte ich sagen: Gott. Es wird mir Gnade zuteil, da ich über meine Jahre lebe. Und dadurch schätze ich das Leben um so mehr, liebe um so intensiver, dürste nach noch mehr glücklichen Erlebnissen.

Wegen des großen Altersunterschieds zwischen uns habe ich mich Dir gegenüber recht reserviert verhalten. Ich habe lange gebraucht, um von Dir etwas ähnliches zu erhoffen, wie das Liebesgeständnis, das ich Dir mache. Seit jenem Abend, als Joe und ich Deine Schwester und Dich nach Hause brachten — als Du auf meinem Schoß gesessen und meine Hand gestreichelt hast, erinnerst Du Dich? Da spürte ich, daß es zwischen uns funkte. Und dann kühlte sich unsere Beziehung wieder ab, zumindest hatte ich den Eindruck. Wenn ich mal längere Zeit mit Dir zusammen sein wollte, hattest Du immer eine Ausrede — Pferderennen, Tijuana, Gäste, Mah-Jongg und so weiter. Henry-San war jederzeit bereit, alles stehen und liegen zu lassen, um Hoki-San zu sehen, sei es auch nur für eine Stunde beim Dinner. Doch Hoki-San schien allen zu gehören. Sie war nicht »romantisch«. Sie war sich selbst genug, brauchte nichts und niemanden. Sie hatte keinen Geliebten, sagte sie. Das machte das Ganze nur noch mysteriöser. Ich fragte mich, ob die japanische

Frau so ist? Hat sie keine Gefühle? Ist sie nur eine hübsche Puppe, die allen Männern das gleiche Lächeln schenkt? Ist sie eine Entertainerin, ein Sing-Song-Girl, das nur für das Publikum lebt?
Und damit kommen wir zu Mika-San. Ich finde sie interessant und attraktiv, mehr als irgendeine andere der Kellnerinnen, aber ich wollte nur deswegen mit ihr ausgehen, weil ich wissen wollte, ob das Hoki-San gleichgültig ist oder nicht. Ich weiß genau, ich würde sowieso den ganzen Abend nur an Hoki denken (doch wahrscheinlich würdest Du mir das nicht glauben).
Bestimmt würdest Du mir auch nicht abnehmen, daß ich in den letzten sechs Wochen drei Heiratsanträge bekommen habe. (Außerdem gibt es noch zwei Frauen in New York, die unbedingt wollen, daß ich zu ihnen ziehe.) Die Heiratsanträge kamen aus Paris, Berlin und Warschau in Polen.
Das ist kein Scherz. Ich erzähle Dir das nicht, um den großen Liebhaber, den unwiderstehlichen Don Juan zu spielen, ich will nur, daß Du weißt: Ich bin noch nicht ganz aus dem Rennen. Und was Du mir niemals glauben wirst: Ich gestehe diesen Frauen, daß ich hoffnungslos verliebt bin in eine schöne junge Japanerin — ich meine niemand anderen als Ihre Kaiserliche Hoheit Hoki-Sama.
Und was hat meine liebe Hoki mir zu sagen? Es war ein so schöner, glücklicher Tag für mich. (Nur ein kleiner Stich der Eifersucht, weil Duke da war und vielleicht auch in Hoki-San verliebt ist.) Du gabst mir das Gefühl, daß Du wirklich glücklich warst, mich zu sehen. Das war echt. Ich bin schnurstracks nach Hause gegangen und habe mich sofort an den Schreibtisch gesetzt, um Dir zu schreiben. Bin ich ein romantischer Trottel? Was soll's! Ich kann es nicht abwarten, Dich wiederzusehen. Ich liebe Dich, liebe Dich, liebe Dich. Bitte sag nie wieder: »Ich werde darüber nachdenken.« Keine Spielchen. Ja oder nein, offen und ehrlich.

Übrigens, Nola mag Dich sehr. Sie hofft, daß Du mich glücklich machst. Und ich glaube, ich habe sie glücklich gemacht, weil ich ihr einen Termin bei meiner Astrologin verschafft habe.
Es ist jetzt nach eins, ich bin müde. Und Du bist wahrscheinlich hellwach am Mah-Jongg-Tisch. Hoffentlich werden die Pokerspiele nicht Deine ganze Freizeit in Anspruch nehmen.
Dein ergebener

Henry-San
(der seine »japanische Krankheit« genießt)

Donnerstag, Mittagszeit

Liebe Hoki-Sama,

kam heute morgen stockbetrunken heim. Du mußt besser auf mich aufpassen! Dies soll mein erste Botschaft an Deine neue Adresse sein (meine Hände zittern immer noch!).
Morgen, am Freitag, komme ich mit der chinesischen Schauspielerin Lisa Lu und ihrer Agentin Bessie Loo (auch eine Chinesin) zum Dinner ins Imperial Gardens. Später wollen sie mit mir ins ›Coconut Grove‹ gehen. Ich hoffe, wir können eine Weile an der Bar sitzen. Wenn Du magst, komm an unseren Tisch und iß ein Dessert mit uns.
Falls Jennifer Jones nächste Woche aus Vietnam zurückkommt, bringe ich sie mit, sie soll Dich kennenlernen.
Sogar Ava Gardner ist ein bißchen eifersüchtig auf Dich!

Geh jetzt schlafen — laß nicht zu, daß Dich der Chin-Chin* Kobakama wachhält! (Vernichte auf jeden Fall immer Deinen Zahnstocher, nachdem Du ihn benutzt hast!)
Jetzt weiß ich, *weshalb* Chin-Chin im Slang diese Bedeutung hat. Eine ursprünglich sehr poetische Bedeutung! Ich glaube, deshalb sagen wir »Swinger«.

Henry-San

* Penis

24. August 1966

Liebe, liebe Hoki,

wie glücklich war ich heute abend, Dich zu sehen! Ein seltsamer Abend. Du warst entzückender denn je. Meine beiden Freundinnen beten Dich an.
Wir müssen unbedingt im ›L'Auberge‹ am Sunset Boulevard, Nähe Curson Street, essen gehen. Gute Küche (französisch). Ich wünsche mir, daß Du an einem Wochenende, wenn Du nicht bis zum Morgengrauen Mah-Jongg spielst, nachmittags hierher kommst, ein paar Runden im Pool schwimmst, mit mir zum Dinner gehst und den ganzen Abend mit mir verbringst. Du schuldest mir einen solchen Abend! Und wenn Du mich wirklich liebst, gewährst Du ihn mir. Von Mal zu Mal liebe ich Dich mehr.
Mach Dir keine Sorgen, wenn ich mit anderen Frauen in die Bar

komme. Ich gehe ungern allein in ein Restaurant. Ich bringe sie mit, damit sie Dich bewundern — als würde ich Dir Blumen mitbringen. Alle wissen, daß ich rettungslos in Dich verliebt bin.
Übrigens habe ich mit Mrs. Mori telefoniert. Dein Gemälde müßte am Samstag fertig sein. Bin mal gespannt, wie Mori-San es gerahmt hat. Ich wollte, ich könnte Dich in Fleisch und Blut in einen Rahmen stecken und an die Wand hängen!
Gute Nacht für heute! Viele Grüße und Küsse. Um den 29. herum mußt Du wieder Schmerzen erdulden.
Gib acht auf Dich! Schlaf gut!

Henry-San

August 1966

An die Eine und Einzige,

und das Liebeslied geht weiter ... Weißt Du, was eine Kürette ist? Das ist ein chirurgisches Instrument, mit dem nach einer Abtreibung die Gebärmutter ausgeschabt wird. Heute nachmittag hatte ich das Gefühl, daß Du die Kürette an meiner Seele angesetzt hast. Immerhin weiß ich nun genau, daß ich nicht an der »japanischen Krankheit« sterben werde. Ich fühle schon, wie die Wunde, die mir Schmerzen und Leid bereitete, heilt. Ich werde weiterleben, den nächsten Kampf austragen, vielleicht verliebe ich mich leidenschaftlicher denn je. Was für eine Chirurgin Du bist: Was für eine Zauberin! Und das alles ohne Blutvergießen. Ich muß den Tag und die Stunde in meinem »Buch Romantischer Pannen« festhalten.
Ehrlich, meine liebe Hoki, Du bist stärker, mutiger, ehrlicher und

auch zärtlicher, als ich Dir zugetraut hätte. Ich weiß, daß Deine Offenheit dem Wunsch entsprang, mich zu schützen, mich vor allen Illusionen zu bewahren, die meine verrückte Liebeskrankheit geschaffen haben mochte. Das erinnert mich an einen Satz aus »The Tale of the Genji«: »Meist zieht uns das Unerforschte an, und Genji neigte dazu, sich am heftigsten in jene zu verlieben, die ihn am wenigsten dazu ermunterten.«

Ich sagte, daß ich Dich so nehmen müßte, wie Du bist und nicht so, wie ich mir Dich vorstellte. Dir zuzuhören, wie Du Dich selbst auseinandergenommen, Deine Fehler, Mißerfolge und Schwächen enthüllt hast, gab mir das Gefühl, in einem Drama mitzuspielen, in dem die Frau schließlich dem Liebhaber, den sie auf Distanz gehalten hat, gesteht: »Nun gut, ich gebe nach; Du kannst mich haben, aber Du sollst wissen, daß ich aussätzig bin.« Auch wenn sich das makaber anhört, ist es immer noch besser, als wenn die Angebetete sagt: »Kein Mann kann mir die Liebe geben, die ich suche.«

Ich habe Dir und auch mir eine schlaflose Nacht bereitet, weil es eines der wenigen Male in meinem Leben war, daß ich neben einer schönen Frau lag, ohne sie berühren zu dürfen. Als der Morgen graute, konnte ich zumindest Dein Gesicht studieren. Dein Nachtgesicht eröffnete mir eine ganze Welt! Es war ein völlig anderes Gesicht als jenes, das Hoki in ihren wachen Momenten zeigt. Das Gesicht einer Fremden, aus Lava gemeißelt, wie das einer Meeresgöttin. Voller Geheimnisse hinter den geschlossenen Augen und Gesichtszügen, aus der Überlieferung der Vorfahren geformt. Ein fast barbarischer Anblick, als wärst Du aus einer Stadt der Antike wiederauferstanden — wie Ankor Wat — oder den im Wasser versunkenen Ruinen von Atlantis. Du warst alterslos, eingebettet im Mythos der Zeit. Auch wenn ich eines Tages die 101 Gesichter kenne, die Du der Welt präsentierst, dieses Gesicht des Schlafes werde ich nie vergessen. Das Traumgesicht, das Du selbst nie gesehen hast, ist für mich das heilige Band zwischen der ständig sich verändernden Hoki und dem ständig suchenden Henry-San. Das ist mein Schatz und mein Trost.

Ich kann nicht aus meiner Haut heraus und werde wohl eines Tages über Dich schreiben — entweder bekümmert und verzweifelt oder freudig und dankbar. Mit ein paar Strichen meines Füllers werde ich das Bild von Madame Chrysanthème für immer auslöschen. *Meine* Kikou-San wird in Jade gemeißelt sein, in ein Jadegestein, das lange in der Tiefe des Ozeans lag. Ich wünsche mir, daß das mein Schwanengesang wird, eine letzte Melodie aus dem tiefsten Innern des leidenschaftlichen Anbeters der Liebe. Der Liebestraum soll mit dem Sänger friedvoll und ergeben auf den Meeresgrund sinken.

Du hast gesagt, daß ich mich nicht abschrecken lasse und bleibe, wie schwer es Dir auch fallen mag, »ich liebe dich«, »ich vermisse dich«, »ich begehre dich«, »ich brauche dich« zu sagen. Ich empfinde es nicht als unwürdig, den »Tröster« zu spielen. Dein Satz ist die beste Antwort auf all meine törichten Fragen und Vorwürfe. Es ist, als ob die Große Mutter den Finger auf die Lippen des Kindes legte und sagte: »Pst, Baby, pst!«

Ich muß jetzt aufhören; es ist elf Uhr. Ich habe eine Kleinigkeit gegessen und mich zwei Stunden lang fabelhaft unterhalten mit ein paar »psychedelischen« Jugendlichen, die eine Weltreise machen wollen.

Heute nacht werde ich Dir im Traum begegnen. Du wirst mich an meinem Lachen erkennen. Und *Du* wirst den »Azumaya« singen: »Die Tür ist nicht versperrt oder verriegelt. Komm schnell und sprich mit mir. Ich gehöre doch keinem anderen, warum also bist Du so zaghaft und scheu?

Dein Henry-San
sagt Dir gute Nacht!

Montag, der Zwölfte
(Tag der Brieftaube)

Liebe Hoki,

als ich gestern nach Hause kam, fand ich dieses Poster und Anzeigen von Shincho-sha. Ich weiß nicht, ist dies das Plakat über »pornographische Bücher«, von dem ich Dir erzählt habe oder gehört es zu einem meiner Bücher? Ich blicke nicht durch. Es scheint aus der Redaktion ihrer Zeitschrift zu kommen, was mich verwundert. Könnte es eventuell eine Ankündigung von Marianne Ruuths Artikel sein?

Ueno-San aus Ichinoseki sandte mir eine Zeitschrift, die der von Shincho-sha ähnelt. (The Bungei Shunju) Er wollte mich überreden, meinen Artikel über die Liebe (»Love and how it gets that way«, der vor drei Jahren in »Mademoiselle« erschienen ist), an diese Zeitschrift zu schicken, doch ich habe ihm gesagt, daß mir Shincho-shas Zeitschrift besser gefällt. Habe ich recht? Ich brenne darauf, meinen Artikel ins Japanische übersetzt zu sehen, in erster Linie deshalb, weil *Du* ihn dann lesen kannst. Ich weiß, daß Du Dir nicht gern die Mühe machst, englische Texte zu lesen.

Ich lege dir auch einen Brief von Mrs. Edith Fink bei, der Freundin, die den Ring für Dich anfertigen wird. Wenn ich die Jadesteine rechtzeitig bekomme, bringe ich sie morgen ins Imperial Gardens mit, — wenn ich mit Freunden zum Dinner komme. Wenn Du immer noch den Wunsch hast, Deinen Opal zum Ring umarbeiten zu lassen, bringe ihn mit, und ich bitte sie, das zu übernehmen. Sie schreibt in ihrem Brief, sie wolle Sterlingsilber benutzen. Ist das okay für beide Ringe?

Den anderen Brief, der vom Verleger des Yomiuri Shimbun stammt, lege ich Dir wegen des absonderlichen Englisch' bei. Viele

Briefe japanischer Herausgeber und Verleger sind in sehr dürftigem Englisch geschrieben. Weshalb können sie nicht eine Sekretärin einstellen, die wirklich Englisch kann? Anaïs Nin hat mir oft erzählt, daß sie Japaner getroffen hat die behaupteten, Englisch zu sprechen, und doch konnte sie kein Wort verstehen. Mr. Hirayams letzter Satz brachte mich zum Schmunzeln: »Ich werde Ihr guter Führer von Tokio-Nacht sein.« Hurra! Banzai!

Dies brachte mich auf die Idee, Dir ein Flugblatt mit der Überschrift »A Dream of a Book« zu schicken. Dabei geht es um ein sehr ungewöhnliches Buch, das ich mit meinem Schwager aus Jerusalem gemacht habe. Der Titel lautet: »Into the Night Life«. Ein Exemplar kostet 250 $. Wenn eines Tages Dein Englisch besser ist, schenke ich Dir ein Exemplar. Nach meinem »Nachtgesicht-Brief« kommt also mein ›Nachtführer‹ und mein ›Nachtleben-Buch‹. Die Nacht der Nächte!

Die viele Arbeit, die sich auf meinem Schreibtisch häuft, macht mich etwas nervös . . . Es ist erst ein Uhr mittags, und ich habe bereits das Pensum eines ganzen Tages geleistet. Ich stürze mich darauf wie ein Wilder. Wenn ich so weitermache, werde ich wieder drei bis vier Pfund abnehmen. Ich sehe Dich noch vor mir, wie Du auf der Waage gestanden hast, mit Deiner dunklen Brille und auf Deinem Gesicht lag ein seltsamer Ausdruck, als ob Du sagen wolltest: Nun, ich halte mein Gewicht — Gott sei Dank habe ich weder zunoch abgenommen!« Und dann stiegst du herunter, wandtest Dich mir zu und machtest mit Deinen kleinen Fingern eine Geste, als wolltest Du »Ciao« (italienisch) sagen und bist langsam zum nächsten Zimmer geschlendert, in Gedanken versunken, aber nicht unglücklich (trotz einer schlaflosen Nacht). Sehr orientalisch, dachte ich bei mir. Es gefiel mir. In meinem kleinen Kopf läuft eine Kame-

ra, die jede Deiner Stimmungen festhält, jeden Ausdruck. Mein geheimes Album!
Ich werde so gegen halb acht im Imperial Gardens essen. Bitte komm an unseren Tisch, wenn Du kannst. Wenn nicht, sehe ich Dich an der Pianobar. Ich wünsche Dir einen angenehmen Tag!

Henry-San

September 1966
Sonntag, 2.30 Uhr morgens

Liebe Hoki — Anata bakari!*

Heute morgen erfuhr ich per Telefon, daß meine letzte Frau (Eve) nach einem wunderbar glücklichen Tag im Schlaf gestorben ist. Sie war die beste meiner Frauen (und Geliebten), hat alles für mich getan, auch noch nach unserer Scheidung, als sie wieder geheiratet hatte. Und ich habe ihr alle Güte gelohnt, indem ich mit einer Schlampe nach Europa durchbrannte, die ich nach kurzer Zeit satt hatte.
Heute mittag weinte ich mir das Herz aus dem Leib, dachte, ich könnte nie mehr aufhören. Doch irgendwann versiegten die Tränen. Ich ging dann zu den Siegels, um Tischtennis zu spielen und damit begann ein Nachmittag und Abend, an dem ich so heiter und lebhaft war wie selten. Später landete ich in einem Restaurant, hatte vier kanadische Girls an meinem Tisch und eine auf dem

Schoß. Ich war immer noch lustig und aufgedreht und verabredete mich schließlich mit der französischen Kellnerin, die mir schöne Augen machte. Vor wenigen Augenblicken schreckte ich hoch, saß wie eine Statue, unbeweglich — wie ein Buddha aus Stein, doch ohne das verzückte Lächeln. Fünfzehn oder zwanzig Minuten war ich wie in Trance, und alle meine Frauengeschichten zogen vor meinem inneren Auge vorbei, und ich kam zu dem Schluß, daß ich nicht für Frauen tauge, nie getaugt habe.

Ich erzähle Dir das, damit Du weißt, wer ich bin und Dich unbeschwert fühlen kannst. Ich werde nie versuchen, Dich zu besitzen, nie etwas von Dir erwarten, und ich warne Dich, vielleicht eigne ich mich nicht einmal zum Freund.

Für meine Liebe zu Dir kann ich nichts. Ich habe jetzt das Gefühl, ich kann diese Liebe ersticken, weil ich weiß, daß sie selbstsüchtig ist. Ich hatte mich der Illusion hingegeben, meine Liebe — egal ob erwidert oder nicht — würde Dich beflügeln.

Mit meinen Geschenken wollte ich Dich *nicht* bestechen, wie Du zu glauben scheinst. Ich wollte nur mit jemandem meine Freude an der Musik teilen. Ich habe nie versucht, mir Liebe zu erkaufen.

Du bist frei, und ich hoffe, Du bleibst es. Spare Dir Deine Liebe auf für Mah-Jongg, Pferde, gutes Essen und die kleinen Dinge, die keine Schmerzen bereiten, keine Sorgen, keine Angst, Dinge, denen Du Dich nicht ausliefern mußt. Bleib das Sing-Song-Girl, das Du bist.

Vergiß, daß Du je einen Gedanken an mich verwandt hast. Bleib kalt wie Eis und rede Dir ein, daß Du glücklich bist, erfolgreich und von allen verehrt. Du hast nichts zu verlieren außer Deiner Seele.

Vielleicht sehe ich Dich bald wieder, aber mit anderen Augen. Das Leben ist zu kurz, um es mit der Suche nach dem Unmöglichen zu verplempern. Endlich habe ich erkannt, daß das, was ich in der Tiefe Deiner schönen braunen Augen als Geheimnis deutete, nichts anderes ist als Leere.

Dein
Henry-San

* Meine Einzige

20. September 1966

Liebe Hoki-San,

noch ein interessanter, ja vielleicht sogar außerordentlicher Brief meines jungen vietnamesischen Freundes, — den ich natürlich wieder zurückhaben möchte.
Nach diesem Brief schickte er mir ein Telegramm aus Paris und bat mich um 350 Dollar, weil er nach Griechenland reisen wollte (und von dort aus weiter nach Indien, um in ein Kloster einzutreten). Ungefähr zehn Tage später erhielt ich einen Eilbrief aus Rom, in dem steht, »eine Hexe (wahrscheinlich eine Hure) habe sein ganzes Geld gestohlen«. Also schickte ich ihm erneut Geld. Es amüsiert mich, daß sogar ein Zen-Mönch wie er einer habgierigen Hure zum Opfer gefallen kann. Er ist wirklich eine einmalige Type!
Das ist alles.

Dein Henry

25. September 1966
(Stunde des Pferdes —
Naga Zuki-Monat)*

Liebe Hoki,

verzeih mir, daß ich Dir den beigefügten Brief zumute — ich weiß, die Handschrift ist nicht leicht zu entziffern. Doch dieser Brief wühlt mich so sehr auf, daß ich ihn unbedingt mit jemandem teilen muß — und wer eignet sich besser dafür als Du?
Er stammt von meinem Freund, der die letzten 25 Jahre im Gefängnis verbracht hat. (Erinnerst Du Dich, daß ich Dir von ihm erzählt habe?) Nach zehn- bis zwölfjährigem Kampf mit den Behörden, nachdem ich Tausende von Dollars für einen Trottel von Anwalt ausgegeben hatte, nach drei Besuchen im Staatsgefängnis (in Missouri) und Hunderten von Briefen an meinen Freund . . . wurde er endlich auf Bewährung nach Chicago geschickt, wo er die meisten seiner Verbrechen begangen hat. Ich versuchte, ihm auf die Füße zu helfen, zu erreichen, daß er zu mir entlassen wurde, damit er nicht zur Flasche greift (er war Alkoholiker) und einen Job für ihn zu finden, doch man erlaubte es nicht. In Chicago, wo er schon einen Job als Friseur gefunden hat, wird sich ein angesehener Anwalt um ihn kümmern, Mr. Gertz, ein Freund von mir, der auch meinen Fall vor dem Obersten Gerichtshof durchgefochten hat (damit meine Bücher jetzt ungehindert in Amerika erscheinen können).
Ich zittere vor Aufregung, hatte nicht wirklich geglaubt, daß er je wieder die Freiheit sehen würde (er war zu lebenslänglich verurteilt worden, und 28 Jahre zusätzlich!!! Stell Dir das vor!). Mir ist, als wäre ich selbst freigelassen worden. Welch ein Erfolg! Bitte heb den Brief gut auf und gibt ihn mir zurück, wenn wir uns wiedersehen.

Gestern teilte mir meine Tochter (Val) mit, daß sie sich schnellstmöglich von ihrem Mann scheiden lassen und fortziehen will. Nun muß ich unbedingt eine Studentin finden, die bei mir wohnt, die Hausarbeit erledigt, mir abends das Essen kocht und so weiter. Wenn ich eine junge Japanierin finde — und vielleicht kennt Nobuko eines an der U.C.L.A., dann nehme ich Japanischunterricht, damit ich, wenn ich im Frühjahr nach Japan reise, etwas radebrechen kann. Als ich neulich nachts mit dem Taxi fuhr, erzählte mir der Fahrer, daß er in Japan geboren sei, dort den Großteil seines Lebens verbracht habe und japanisch (Tokio-Dialekt) spreche wie ein Einheimischer. Obwohl sein Vater Universitätsprofessor ist und japanisch lehrt, spricht er schlechter japanisch als sein Sohn (sie sind Amerikaner, verstehst Du?). Demnächst möchte ich ihn zum Dinner im Imperial Gardens einladen. Kann ganz interessant werden. Er ist kein gewöhnlicher Taxifahrer!
Hier ein Programm, das mir Ueno-San geschickt hat, nachdem ich ihn nach einem Samurai-Film gefragt hatte, den wir zusammen gesehen haben. Die Siegels haben jetzt einen japanischen Boy, der in Japan Jura studiert hat. Habe mich gestern angeregt mit ihm unterhalten. Er ist auch Tischtennismeister, niemand kann es mit ihm aufnehmen.
Habe gestern die Steine und den Ring meiner Freundin Mrs. Edie Fink gegeben. Da sie zur Zeit völlig überlastet ist, wird es wohl zwei Wochen dauern, bis der Ring fertig ist. Sie zeigte mir ein paar Arbeiten — einfach grandios! Sie hat ein goldenes Händchen. Vielleicht lade ich sie (irgendwann) sein, mit uns im Imperial zu essen und bitte sie, einige ihrer Meisterwerke mitzubringen, damit Du siehst, was sie kann. Vielleicht brauchen Deine Freundinnen noch ein paar hübsche handgearbeitete Weihnachtsgeschenke.
Bitte sag der Frau in dem Geschäft im Imperial Gardens, sie soll

mir das Sake-Set reservieren, das ich mir neulich angesehen habe. Ich möchte es Edie Fink** schenken, die sich sehr für die japanische Küche interessiert. Sie hat sich ein Kochbuch gekauft und spezielle Pfannen und Töpfte für japanische Gerichte.
Uff, ich hatte eigentlich gar nicht vor, so viel zu schreiben.

Dein Henry
(Briefe dürfen nicht mit San
unterzeichnet werden,
erinnerst Du Dich?)

P. S. Ich wollte eigentlich 2 bis 3 Wochen Urlaub auf Haiti machen, doch nun bin ich schwankend geworden. Muß erst mal abwarten, wie die Scheidung meiner Tochter läuft — vielleicht kann sie sie in Mexiko schnell über die Bühne bringen oder eine Annullierung durchsetzen.

* Der Monat September

** Natürlich bekommt Edie den Schmuck, den sie für Dich anfertigt, entsprechend bezahlt. Das Sake-Set soll nur eine kleine Anerkennung sein.

September 1966

Liebe Hoki,

hast Du keine Lust, mich morgen zu besuchen? Ich vermisse Dich. Ich bin es so leid, Dich zu bitten, dies oder jenes zu tun. Jetzt überlasse ich es ganz Dir, die Initiative zu ergreifen. Wenn Du mich sehen, mit mir essen oder sonst etwas machen möchtest, dann mußt *Du mich* anrufen. Am 12. Oktober fahre ich wahrscheinlich zwei bis drei Wochen nach Europa. In Hamburg findet eine Sondervorführung der Oper statt, die auf meinem Buch ›The Smile at the Foot of the Ladder‹ basiert. In der ersten Oktoberwoche muß ich noch hier sein, um mich mit dem japanischen Schauspieler zu treffen. Zudem muß ich jemanden finden, der in meiner Abwesenheit mein Haus hütet.
Ich bin müde, habe seit Wochen nicht richtig geschlafen . . .
Du bist so wunderschön, das bringt mich noch um den Verstand. Sag etwas zu mir, gib mir nicht das Gefühl, gegen eine Wand anzureden und zu schreiben.

H. M.

MÄDCHEN MIT VOGEL

2. November 1966

Liebe Hoki-San,

noch eine Karte für Deine Sammlung. Das ist ein altes Bild, das ich für Val gemalt habe, als sie noch klein war. Hat Dir das Aquarell

gefallen, das George Dir gebracht hat? Wenn nicht, heb es für mich auf, und ich gebe Dir ein anderes. Wenn Du willst, kann ich die »chin-chins« unten wegmachen.
Was gibt es Neues über die Herausgabe etc. des japanischen Magazins?

Henrys Geschenk an Hoki: Auf ihren Wunsch hat er die »chin-chins« (Penisse) links unten auf der Karte mit Briefmarken überklebt.

1. Oktober 1966

Liebe Hoki,

hier ist die Karte für den Bilderrahmer, der auch meine Aquarell-Postkarten gerahmt hat. Vor drei oder vier Wochen gab ich Dir einen Brief an ihn, in dem ich ihn bat, Deine Karten zu rahmen und mit die Rechnung zu schicken. Wahrscheinlich hat Du meinen Brief nie gelesen!
Wenn Du am Montagabend frei hast, könnten wir ja zusammen essen gehen und uns anschließend in die McKenzie-Galerie (La Cienega), ein paar angeblich faszinierende Bilder von einem Maler, der auf Tahiti lebte, ansehen. Ich werde auf jeden Fall hingehen, mit oder ohne Dich, denn ich interessiere mich sehr dafür.
Nächsten Sonntag, den 9. Oktober, spielt mein Freund Gimpel, der Pianist, mit einem Symphonieorchester in der Royce Hall in der U.C.L.A. Das Konzert beginnt um acht Uhr. Ich habe Karten und gehe auf alle Fälle hin — vermute aber, daß Du kein Interesse hast.

Wenn doch, dann sag es mir, und ich gebe Dir eine Karte.
Ich hoffe, Du hast in den nächsten Tagen nicht zu schlimme Schmerzen — Krämpfe.
Ach ja, bitte bring die Briefe mit, um die ich Dich gebeten habe, die von dem vietnamesischen Jungen und meinem aus dem Gefängnis entlassenen Freund, Roger B. Ich hoffe, ich sehe Dich bald im Imperial Gardens.

Henry

Donnerstag, 20. Oktober 1966

Liebe Hoki,

würdest Du mir bitte einen Gefallen tun? Sag mir, wie das Magazin, das ich Dir beifüge, heißt, wer der Herausgeber ist, wann es erschienen ist und wer den Artikel über mich verfaßt hat. Dann bitte einen meiner »Fans«, die die Pianobar besuchen, um eine Rohübersetzung dieses Textes. Ich glaube, der Artikel ist recht interessant. Die Reproduktionen meiner Bilder, besonders der farbigen, sehen sehr gut aus. Ich schreibe Dir den Namen desjenigen auf, der mir das Magazin geschickt hat. Vielleicht hat *er* den Text geschrieben? Kennst Du den Namen?
Ich gebe diese Zeilen jemandem, der sie Dir ins Imperial bringt. Ich hatte gehofft, heute abend zum Essen zu kommen, habe aber den ganzen Tag mit Schmerzen im Bett gelegen (wahrscheinlich habe ich mich gestern im Pool erkältet).
Auf jeden Fall hoffe ich, Dich vor meiner Abreise noch zu sehen.

Bei dieser Gelegenheit kannst Du mir dann die Informationen geben, um die ich Dich gebeten habe. Und wenn Du niemanden finden solltest, der die Rohübersetzung machen kann, dann gib mir bitte das Magazin zurück.
Ich habe ganz vergessen, dem japanischen Übersetzer, der mir Tonoyamas Buch geschickt hat, zu schreiben und mich bei ihm zu bedanken. Wärst du bitte so lieb und würdest ihm kurz schreiben, daß ich nach Hongkong gereist bin?
Nachdem ich nun meinen Reisetermin dreimal verschoben habe, frage ich mich allmählich, ob ich überhaupt je nach Hongkong fahren werde. Ich habe immer weniger Lust dazu, vielleicht, weil ich so schlapp und traurig bin. Aber da ich es mir vorgenommen habe, werde ich es wohl durchstehen müssen. Ich weiß im voraus, daß ich Dich vermissen werde, daß ich, egal wie viele schöne Frauen meinen Weg kreuzen, immer nur Dich vor Augen haben werde.
Gestern bekam ich einen sehr erfreulichen Brief von meiner Astrologen-Freundin aus der Schweiz, die mir das Horoskop für das kommende Jahr stellte. Es war überwiegend sehr positiv. Doch sie erwähnte mit keinem Wort Reisen, was sie im allgemeinen tut. Und das erscheint mir mysteriös. Noch mysteriöser aber bist *Du* mir. Nun, vielleicht bringt mir meine Hongkong-Reise mehr Klarheit. Vielleicht sehe ich dann alles mit anderen Augen.

Déwa mata!
Henry

10. November 1966

Liebe Hoki-San,

ich habe mir erlaubt, einige Stellen in diesem kleinen Buch zu unterstreichen — ich hoffe, Du nimmst es mir nicht übel. Auch wenn es ein *Gesamtbild aller* Skorpion-Geborenen darstellt, trifft vieles auf Dich zu, und ich glaube, es lohnt das Lesen. Schade, daß Du Deine Geburtszeit noch nicht einmal annähernd kennst; sie wäre sehr aufschlußreich.

Seltsamerweise habe ich viele der *guten* Eigenschaften des Skorpions bereits an Dir entdeckt. Die schlechten, die wir alle haben, übersehe ich lieber. Du bist zweifellos ein echter Skorpion und weißt besser als ich, was bei diesem Gesamtbild auf Dich zutrifft.

Auf jeden Fall wünsche ich Dir immer das Beste. Menschen mit einem schwierigen Horoskop sind immer die interessantesten, auch wenn es schwer ist, mit ihnen zu leben. Hauptsache, man kommt mit sich selber klar.

In »ewiger Freundschaft«

Dein
Henry-San

P. S.: Ich hoffe, Dein Agent kommt nicht zu Deiner Geburtstagsparty. Der Kerl ist mir zuwider — schon rein äußerlich.

14. November 1966

Liebe Hoki,

heute morgen bin ich zu spät aufgewacht, um den beigefügten Brief zur Post zu bringen und Dir per Eilpost meinen Geburtstagsglückwunsch zu senden. Da ich nicht genau weiß, ob Du immer noch am Kirkwood Drive wohnst, schicke ich diesen Brief ans Imperial Gardens. Ich werde wahrscheinlich am Dienstag oder Mittwoch abends kommen.

Mit der heutigen Post kam ein Zeitungsausschnitt von »Josei Jishin« aus Tokio. Ich habe noch eine Kopie und werde versuchen, jemanden zu finden, der ihn für mich übersetzt, da ich weiß, daß Du keine Zeit dafür hast. Ich möchte zu gerne wissen, *wer* den Artikel geschrieben hat und was er beinhaltet. Die Fotos stammen aus der Westwood Art Exhibit, mit Ausnahme des einen von Dir rechts unten. Ich frage mich, *wer* dieses Foto beigesteuert haben könnte. Wann wurde es überhaupt gemacht? Seltsamerweise siehst Du darauf älter aus als jetzt.

Ich bin so wütend auf mich selbst, weil ich nicht rechtzeitig aufgestanden bin, deshalb gehe ich jetzt wieder ins Bett, um meinen Ärger »auszuträumen«.

Henry-San

14. November 1966
2 Uhr morgens

Hoki-Sama:

Es ist soweit... Herzlichen Glückwunsch! Als Künstlerin gehörst Du zu den Sternen am Firmament, als Frau zu den Blumen auf der Wiese, als Freundin zu den funkelnden Edelsteinen, die im Inneren der Erde vergraben sind. Bald kommt die Zeit, da Du Deine rechtmäßige Rolle als Königin der Herzen übernimmst!
Labe Dich am Honig aus jedem Kelch, der Dir gereicht wird. Die Welt ist Deine Auster, die Du ausschlürfst, wann Du es wünschst. Geh dahin in Schönheit, wie die Nacht, aber achte drauf, daß Dein Weg mit Rosenblättern bestreut ist. Bleib kühl wie Jade, aber werde nie grün vor Neid.
Abenteuer erwarten Dich, solange Du Kwannon an Deiner Seite hast.
Beginn Dein dreißigstes Lebensjahr unbekümmert. Du wirst es nie vergessen, da Dein ergebener Sensei jede Deiner Gesten beobachten, jedem Gedanken lauschen, Deine kühnsten Wünsche erahnen, an Deinen Tag- und Nachtträumen teilhaben wird und, ohne daß Du es bemerkst, Dir eine glänzende Zukunft aufbaut.
So Gott will, wird er noch mit neunzig Dein Freund sein, immer noch an Dich glauben und Dein Loblied singen.
Wenn er dies nur alles auf japanisch sagen könnte, Du würdest Dich wie ein Vogel aufschwingen und nie mehr von Kummer niedergedrückt werden.

Henry-San
(von seinem einsamen Thron in
Pacific Palisades)

22. November 1966

Liebe Hoki-Sama,

heute morgen kam ein Brief meiner Astrologin aus der Schweiz, die mir viel mehr schrieb über Dich und mich und unsere Beziehung in der Konstellation der Sterne. Eine Zeitlang möchte ich diese beglückende Botschaft als mein Geheimnis ansehen.
Sie bat mich, Dich zu bestürmen, unbedingt Deine Geburts*stunde* herauszufinden, das ist von äußerster Wichtigkeit. Damit kann sie ein Gesamthoroskop stellen. Liebe Hoki, könntest Du nicht Deiner Mutter schreiben und sie bitten, sich zu erinnern? Wenn Du in der Klinik geboren bist, dann sind Deine Geburt und Geburtsstunde vielleicht dort registriert. Wenn sich Deine Mutter nicht genau erinnern kann, weiß sie doch zumindest noch, ob es Nacht oder Tag war. (Mein Gefühl sagt mir, daß Du zwischen zwei und fünf Uhr morgens geboren wurdest, denn in dieser Zeit bist Du am besten in Form.)
Manchmal genügt ein kleines Detail, die Erinnerung wachzurufen. Zum Beispiel das Läuten der Kirchenglocken, das Morgengrauen oder wann die ersten Wehen einsetzten — war es damals dunkel? Ich glaube, Du wurdest an einem Sonntag geboren. Sogar in Japan unterscheidet sich der Sonntag von den anderen Wochentagen, und vielleicht sind an diesem Tag Dinge passiert, die Deiner Mutter helfen, sich zu erinnern.
Ich bitte Dich noch einmal inbrünstig, versuche es. Es ist vielleicht von großem Wert für Dich, Dein Geburtshoroskop zu erfahren. Ein allgemeines Bild haben wir bereits; wir wissen, wo die großen Planeten stehen, doch manchmal kann ein Unterschied von Minuten bei der Deutung des Horoskops viel verändern.
Noch nie habe ich Dich so erlebt wie gestern abend. Als Du an-

fingst zu tanzen, habe ich mich erneut unsterblich in Dich verliebt. Plötzlich stand die Hoki, die ich immer kennenlernen wollte, vor mir.

Hier bin ich.

Ich bin am Mittwoch — acht Uhr — mit Sydney Omarr und zwei anderen Bekannten zum Dinner im Imperial Gardens verabredet. Wenn Du keine Zeit hast, mit uns zu essen, sehe ich Dich an der Bar.

Dein
Henry-San

Donnerstag mitternacht

Guten Morgen, liebe Nachteule, wie geht es Deinem Schmetterling heute? Ich fand, ich sollte es Dir überlassen, das hier für mich in den Papierkorb zu werfen, zusammen mit Deinen ungeschriebenen Gedanken. Auf diesem Fetzen Papier habe ich meine Farben getestet und hatte nicht das Herz, ihn selber wegzuwerfen. Vielleicht hast Du einen kleinen Privatfriedhof, auf dem Farbkleckse, alte Liebesbriefe, gebrochene Federn und dergleichen begraben werden? Wenn nicht, werde ich einen für Dich anlegen. Du kannst mich Tag und Nacht anrufen — ich stehe immer zu Deinen Diensten. Wir reparieren auch zertrümmerte Schädel und erwecken alte Skelette zum Leben.

Vergiß nicht, die linke Hand ist die des Traumes. Alle Träume müssen in c-Moll gespielt werden.

24. November 1966 Henry Valentine Miller

25. November 1966

Meine liebe, liebe Hoki,

ich hoffe, ich habe den Mut, diesen Brief abzuschicken und stecke ihn nicht in eine Schublade, wie andere, die ich an Dich geschrieben habe. Denn damit gebe ich das letzte Quentchen Stolz, das ich noch besitze, preis.

Ich *muß* wissen, muß unbedingt wissen, ob Du mich wirklich liebst oder nicht. Seit Monaten quäle ich mich. Halte das nicht länger aus. Ich bin am Ende. Ich kann nicht mehr arbeiten, nicht mehr schlafen. Ständig kreisen meine Gedanken um Dich. Ohne Pause. Das ist keine Krankheit mehr, sondern Wahnsinn. Ich bin besessen und gefangen.

Wenn Du mich nicht liebst, wäre es sehr nett von Dir, wenn Du es mir sagen würdest. So tappe ich im dunkeln. Ich weiß nicht, was Du denkst. Das ist wie ein Katz-und-Maus-Spiel. Es ist nicht nur qualvoll, sondern lächerlich, und falls Du es bewußt tust, ist es Deiner unwürdig. Verdiene ich eine solche Behandlung? Habe ich Dir je weh getan?

Das eine ist mir ganz klar: Es fällt Dir sehr schwer, Deine wahren Gefühle zu zeigen. Gott allein weiß, weshalb das so ist. Vielleicht bist Du irgendwann sehr verletzt worden. Vielleicht ist es auch nur reiner Selbstschutz. Aber warum läßt Du gerade *mich* leiden, mich, den Du doch als Deinen Freund betrachtest, einen Freund für immer?

Bist Du Dir eigentlich bewußt, daß Du mir weniger Beachtung schenkst als einem Schoßhund? Du hast mir einmal gesagt, Du wärst lieber meine Freundin als meine Ehefrau. Aber bis jetzt warst Du noch nicht einmal das! Ich muß Dir an dieser Stelle gestehen: Bis vor kurzem hatte ich keine Ahnung, daß die Liebeserklärung

eines Mannes (nach japanischem Brauch) einem Heiratsantrag entspricht. Jetzt begreife ich, wie sehr es Dich befremdet haben muß, daß ich Dir keinen formellen Antrag gemacht habe. Vielleicht hat es auch Deinen Stolz verletzt. Für mich als einen im Westen aufgewachsenen Mann waren Liebe und Heirat immer zwei verschiedene Dinge. Ich habe es nie für unehrenhaft gehalten, eine Frau zu lieben, ohne sie zu heiraten. Ich bin sogar überzeugt, daß ich durch die Ehe die Liebe verloren habe, die die Triebfeder dafür war... Kannst Du Dich noch erinnern, wie Du mir eines Tages, als ich in Deiner Küche saß, erklärt hast, die Ehe könne Dich gar nicht reizen, Du hättest Angst, Dich zu langweilen, Deine Freiheit zu verlieren, Kinder bekommen zu müssen und dergleichen?
Damals glaubte ich Dir. Ich war bereit, mich auf Deine Bedingungen einzulassen. Ich dachte, vielleicht hast Du mir das alles erzählt, um mich nicht zu enttäuschen oder zu kränken. Die negativen Seiten Deines Charakters, die Du mir aufgezählt hast, habe ich Dir nicht abgenommen. Ich habe nicht geglaubt, daß mich das Zusammenleben mit Dir unglücklich machen würde — verheiratet oder unverheiratet. Ich glaubte an die Liebe, nicht an Dich oder mich, sondern an die Macht der Liebe, Schönheit und Harmonie zu schaffen. In meinem Alter muß sich das wohl idiotisch naiv anhören — freundlicher ausgedrückt, romantisch —, aber ich kenne keine größere Macht als die Liebe. Und Du?
Einige Leute, einschließlich Deiner eigenen Freunde, haben mich darauf aufmerksam gemacht, daß ich einen großen Fehler mache, wenn ich Dir zeige, wie sehr ich Dich liebe. Sie redeten, als würde ich Dein »Opfer«, wenn ich meine Gefühle so offen zeige. Ich weiß, was sie meinen, diese Leute. Ich bin ja nicht auf den Kopf gefallen. Wenn ich auch nur einen Augenblick geglaubt hätte, daß Du mit mir spielst, hätte ich Dich verachtet. Ja, ich kann ein williger Sklave

sein. Es würde mir Vergnügen bereiten, Dir zu dienen, Dich glücklich zu machen, Dir zu helfen, Dein eigenes Leben zu führen. Doch ich könnte es nicht ertragen, wie eine Marionette hin und her gezogen zu werden.

Und nun möchte ich Dich an ein Telefongespräch erinnern, das wir vor ein paar Monaten hatten. Ich hatte Dir ganz klar gesagt, daß ich in Dich verliebt bin, Dich liebe. Und was hast Du darauf gesagt? »Dann müssen wir etwas unternehmen.« Dabei hat Deine Stimme sehr verheißungsvoll geklungen.

Und was ist seitdem passiert? Die Beantwortung dieser Frage überlasse ich Dir.

Dann kam das Interview in dem japanischen Magazin. Ich kenne inzwischen jede Zeile auswendig. Ich dachte, wenn ich es Dir schickte, würdest Du es vielleicht für mich übersetzen. Aber nein, Du erklärtest mir nur ganz lakonisch, daß es ein sehr hübscher Artikel sei, kein Grund zur Sorge. Das, was ich so gerne aus Deinem Mund gehört hätte, behieltest Du für Dich. Hast Du Dir denn nicht überlegt, daß ich jemanden finden würde, der mir den Artikel Wort für Wort übersetzt?

Dabei fällt mir das Foto mit Deiner Widmung ein. Als ich Dich fragte, was Du darauf geschrieben hattest, wandtest Du mir den Rücken zu und gingst hinaus. Weshalb? Hast Du Dich geschämt? Kannst Du so kleinlich sein, daß Du mir sogar diesen kleinen Brosamen der Freude vorenthältst?

Heute hüpft mein Herz vor Freude, als mir Sydney Omarr am Telefon erzählte, wie er um ein Uhr den Hollywood Boulevard hinuntergeschlendert sei und Dich getroffen habe, schöner denn je und lächelnd, als wärst Du mit der Welt zufrieden. Ich konnte kaum glauben, daß meine Hoki schon so früh auf war und draußen. Oh, endlich wird sie vernünftig, dachte ich, vielleicht ruft sie mich an, vielleicht fragt sie mich, ob wir heute abend zusammen essen können. Doch nein, kein Anruf, kein gemeinsames Dinner. Nichts.

Menschen, die wissen, daß ich Dich liebe, schreiben mir aus allen Teilen der Welt: »Herzliche Grüße an Hoki. Sie muß ein wunderbares Mädchen sein, daß Du Dich so völlig verloren hast.«
Du *bist* ein wunderbares Mädchen, ein schwieriges Mädchen und benimmst Dich manchmal wie ein herzloses Mädchen. Welches ist die echte Hoki? Die, an die ich glaube, oder die, die Du vorgibst zu sein?
Ich fühle mich hier einsam wie ein Gefangener, der in seiner Zelle auf und ab geht, unsinnige Gedanken an die Wand kritzelt, vergeblich nach Sonne und Mond Ausschau hält und die Tage und Stunden bis zu seiner Freilassung zählt. Ich bin noch schlimmer dran als dieser arme Gefangene, denn ich habe mir mein eigenes Gefängnis geschaffen; ich quäle mich selbst auf tausend verschiedene Weisen, habe zu viel Fantasie, bin zu sensibel, und mein Sinnen und Trachten ist nicht auf Freilassung gerichtet, sondern auf Hoki.
Gott allein kann mir in meiner Qual helfen. Ich weiß, er wird mir helfen, doch auf seine eigene stille Weise, dann, wenn er es für richtig erachtet. Habe ich die Kraft, auf die Erlösung zu warten?
Ich habe schreckliche Zeiten erlebt, ohne Geld, ohne ein Dach über dem Kopf, ohne eine Happen Brot zwischen den Zähnen. Doch ich habe es nie lange ohne Liebe ausgehalten. Wenn ich ohne Deine Liebe sein muß, bin ich verdammt, denn niemand kann Deinen Platz einnehmen. Ich habe Dir mein Herz zu Füßen gelegt und gleichzeitig den Rest meines männlichen Stolzes. Zertrample es, wenn es Dir Spaß macht, doch bitte mach es schnell, ich bitte Dich.
Ich habe Dich bis zur Verzweiflung geliebt, ich liebe Dich immer noch. Ich werde Dich lieben, bis die Hölle zufriert. Töte mich mit einem Schlag, wenn es sein muß, und dann weiß ich, daß Du wirklich meine »Freundin für immer« sein wirst.

Dein
Henry-San

8. Dezember 1966

Liebe, liebe Hoki,

heute abend bin ich ganz außer mir vor Freude. Ich spüre, ich *weiß*, daß Du mich liebst. Erwäge ernsthaft eine Heirat. Nur aus einem Grund mache ich Dir nicht sofort einen Antrag: Ich will, daß *Du* Dir sicher bist, daß Du nichts bereust. Wenn Du bereit wärst, mit mir zu leben, wüßten wir bald, ob wir zueinander passen. Obwohl Du schon 29 bist, bist Du noch jung und unerfahren. Ich möchte Dich nicht enttäuschen, Dich nur glücklich machen, Dir helfen, die Frau zu werden, die Du gern sein möchtest. Wir haben unterschiedliche Temperamente, unterschiedliche Interessen, vielleicht unterschiedliche Wege zu gehen. Deshalb denke ich über eine Art Probeehe nach. Dabei geht es mir in erster Linie um Dich. Ich möchte, daß Du eine faire Chance bekommst. Ich nähere mich dem Ende meines Lebens, und Du stehst noch am Anfang. Ich liebe Dich, achte Dich, ehre Dich. Ich möchte Dich nicht verletzen. Könnten wir nicht eine Zeitlang zusammenleben, bevor wir uns endgültig entscheiden? Bitte, glaub mir, daß ich die zärtlichsten Gefühle für Dich hege. Wenn wir harmonisch zusammenlebten, wenn ich das Gefühl hätte, Du bist wirklich glücklich und erfüllt, dann könnte ich mir nichts Schöneres vorstellen, als Dich zu bitten, meine Frau zu werden. Und, ob Du es glaubst oder nicht, Du wärst die letzte.
Denk darüber nach. Sei so ehrlich, wie es Deine Art ist.

Henry-San
»Die Zeit der Hyäne steht uns bevor«*

Anm. d. Herausgebers: * Ein Zitat am unteren Rand von Henrys Briefpapier.

14. Dezember 1966

Liebe Hoki-San,

wahrscheinlich haben wir heute abend kaum Gelegenheit, miteinander zu reden. Was hältst Du von einem Dinner zu zweit am Freitag, entweder hier im Imperial Gardens oder in ›Patrone's Italian Restaurant‹ — 829 N.L. Cienega (Du warst schon einmal dort zu einer Hochzeitsfeier). Wenn Du Dich für ›Patrone's‹ entscheidest, dann laß uns schon um 18.45 Uhr dort sein, damit wir viel Zeit füreinander haben. Bitte laß mich wissen, wofür Du Dich entschieden hast.
Weihnachten fällt bei mir aus, ich mache auch keine Geschenke oder verschicke Karten. Aber Du bekommst ein Geschenk, wahrscheinlich nach Weihnachten, aus Bogotá, Kolumbien (Südamerika). Ich weiß nicht, was es sein wird. Ich habe eine meiner Verehrerinnen dort gebeten, etwas Passendes für eine junge, charmante, etwas verwöhnte Japanerin auszusuchen.
Während ich mit einer Erkältung das Bett hüten mußte, habe ich mit großem Vergnügen Deine Gedanken gelesen. Wie gut, daß ich Gedankenleser bin!

Dein
Henry-San

Dezember 1966, 4 Uhr morgens
(Die Stunde der zwickenden Krabbe)

Hoki, meine Liebe,

kann nicht schlafen. Wälze mich im Bett hin und her und denke an Dich. Der Krebs zwickt mich in den Zeh. Ob Du wohl wach bist — oder schläfst? Wieder ein Wochenende — Samstag — Sonntag, Montag — und wieder hast Du keine Zeit für mich. Das macht mich ganz verrückt. Wenn die Königin von England oder noch besser Sophia Loren mich besuchen käme und *Du* wolltest mich sehen, würde ich mir eine Ausrede einfallen lassen und mit *Dir* zusammen sein. Vielleicht erlaubt die japanische Höflichkeit ein solches Verhalten gegenüber einem Gast nicht. Um so schlimmer für die Japaner. Wie kann eine verliebte Frau so viele Tage, Wochen, Monate verstreichen lassen, ohne dem Mann, den sie liebt, Zeit zu schenken? Hat sie denn kein Herz? Kann sie sich denn nie aus dem Gefängnis der Konventionen befreien? Oder möchte sie es etwa gar nicht?

Am liebsten würde ich davonrennen, mich von dieser ständigen Quälerei, diesem Warten, Hoffen und Betteln um kleine Gunstbezeugungen befreien.

Ja, es stimmt, jeder Augenblick, den ich mit Dir verbringe, ist kostbar für mich. Aber das scheint immer nur ein flüchtiger Augenblick zu sein, und dann muß Henry-San wieder warten — und dieses Warten nimmt kein Ende. Ich bin wie ein Mensch, der zwischen Himmel und Hölle schwebt. Mein wirkliches Leben scheint stillzustehen. Sicher, ich habe viel zu tun, kann mich beschäftigen. Ich kann sogar so tun, als würde mich die Gesellschaft anderer Frauen erfreuen. Aber es ist alles bedeutungslos. Egal, wo ich bin, mit wem ich zusammen bin, meine Gedanken sind immer bei Dir. Manchmal bin ich so in Gedanken an Dich versunken, so von der Sehnsucht nach Dir erfüllt, daß ich den Namen des Menschen, mit dem ich zusammen bin, vergesse. Ich bin nur halb bei der Sache. Die zweite Hälfte meines Ego, mein wirkliches Ich, ist bei Dir, spricht mit Dir, ist verwundert über Dich.

Neulich abends, nachdem wir in ›Little Tokyo‹ einen glücklichen Tag miteinander verbracht hatten, schrieb ich Dir zu Hause einen langen Brief. Dann habe ich ihn nicht abgeschickt, habe auf Deine Botschaft gewartet, nur ein paar Worte, die mir bestätigten, daß auch Du den Tag genossen hast und mich bald wiedersehen willst. Aber nein — nichts. Dann schickte ich Dir ein Telegramm, fragte, ob Du den Mittwoch für mich frei halten würdest. Wieder nichts. (Heute abend hast Du mir gesagt, Du habest gedacht, ich rufe an. Eines unserer kleinen Mißverständnisse.) So steht's im Augenblick. Vielleicht sehen die Dinge im Januar besser aus, unkomplizierter. Doch bis dahin kann ich tausend Tode gestorben sein. Ich bin verdammt, in dieser »fließenden Welt« zu leben, wie die Japaner es nennen. Für mich ist es die Hölle. Es ist eine Welt, in der Hoki ab und zu auftaucht, wie ein Vision. Wenn ich versuche, sie zu erreichen, sie zu berühren, löst sie sich auf wie Morgennebel. Und ich starre mit tausend Augen ins Leere, mit blinden Augen, erstaunten Augen und hungrigen Augen.

Und trotz meiner Qual, meiner Krankheit — meiner »japanischen Krankheit«, wie ich es nenne, erzählt mir jeder, ich sehe gut aus, gesund, glücklich und unbekümmert. »Wie machst Du das nur?« fragt man mich. Ich möchte am liebsten antworten: »Sucht euch jemanden, den ihr liebt . . . liebt bis zur Qual . . . dreht euer Innerstes nach außen, vergeßt Gott, Job, Pflicht; denkt nur an Liebe, bis ihr darüber wahnsinnig werdet. Dann seht ihr frisch und rosig aus,

und jeder beneidet euch um euer Aussehen, auch wenn euer Herz gebrochen ist.«
Doch in Wirklichkeit erwidere ich lakonisch: »Wie nett. Danke. Der Herrgott meint es gut mit mir.« Ich spiele den Clown oder den Engel oder den weisen Mann, je nach Situation. Und innerlich vergieße ich Tränen. Wie kann ein Geschöpf wie Hoki-San mich so leiden lassen? Oh ja, sie ist reizend, ungeheuer reizend — und unwiderstehlich. Jeder, den ich in die Bar mitnehme, sagt das — sogar die Frauen! Heute abend hat Dukes Schwester von Dir geschwärmt. Schließlich mußte ich sagen: »Ja, ich weiß das alles. Ich weiß, wie reizend, wie charmant sie ist. Alle wissen es.« Und dann konnte ich mir nicht verkneifen hinzuzufügen: »Ich bin wahnsinnig verliebt in sie.« Vielleicht war sie leicht beschwipst (?), ich wäre auch so gern betrunken gewesen, ich wollte laut herausschreien: »Ich liebe sie, ich liebe sie.« Ich wollte, daß alle es hören, wissen. Aber ich hielt den Mund. Als wir Nola nach Hause fuhren, flüsterte ich ihr ins Ohr: »Glaubst Du wirklich, daß sie mich liebt?« Ich war wieder ein kleiner Junge, wollte hören, daß jemand sagt: »Henry, Deine Hoki liebt Dich, das ist sonnenklar.«
Neulich hast Du Nola gefragt: »Weshalb sagt er es mir nicht selbst?« Dasselbe hast Du mich übrigens auch schon gefragt. Als ob ich es Dir nicht auf tausenderlei Weise gezeigt hätte!!! Manchmal glaube ich, *weil* Du weißt, wie sehr ich Dich liebe, nutzt Du meine Liebe aus, spielst mit mir, *tust so,* als ob Du gleichgültig wärst oder eifersüchtig. Du spielst das ganz cool durch. Weshalb? Um Dich noch mehr zu vergewissern, daß ich Dich liebe, *nur Dich; spürst* Du es denn nicht, wenn Dich jemand von Herzen liebt, mit seiner ganzen Seele? Hast Du Angst vor der Liebe?
Ich gebe auf. Es ist 5.30 Uhr morgens, ich bin hundemüde, fühle mich wie eine Frau vor der Periode. Ich bin bereit zu bluten, nicht

nur zwischen den Beinen, sondern aus jeder Pore meines Körpers . . .
Zum Schluß möchte ich Dir noch sagen, daß Dein Klavierspiel immer besser wird. Ich spüre jede Modulation. Bitte wechsle jetzt über in die Tonart der Liebe — und bleib dabei. Tu dies für Deinen

Henry-San,
dessen Leben nur
ein Liebestraum ist.
Gute Nacht!

3. Januar 1967

Meine liebe Hoki,

nach diesem guten aufrichtigen Gespräch heute abend beim Dinner ist mir klar geworden, daß zwischen uns alles hoffnungslos ist. ich bin nicht böse auf Dich, werde auch nicht versuchen, Dich in irgendeiner Weise zu kränken. Ich könnte es nicht, selbst wenn ich es wollte, denn trotz allem liebe ich Dich, und werde lange brauchen, um darüber hinwegzukommen.
Ich bewundere Dich wegen Deiner Offenheit, Deiner Ehrlichkeit. Du kannst nichts dafür, daß Du so bist wie Du bist. Ich bedaure nur, daß meine Liebe nicht stark genug war, Deine Schwächen zu besiegen.
Ich kann nicht ohne Liebe leben, so töricht Dir das erscheinen mag. Also muß ich irgendwo anders das Glück suchen, auch wenn es mir das Herz bricht.

Ich danke Dir aus tiefstem Herzen für die Liebe, die Du in mir erweckt hast. Auch wenn sie zerstörerisch war, hat sie mich menschlich bereichert. Ein Jammer, daß Du mir nicht erlaubst hast, mehr aus *Dir* zu machen.
Solltest Du je Hilfe brauchen, dann wende Dich bitte an mich, denn ich bin zumindest immer Dein Freund.

Henry-San

4. Januar 1967

Meine liebe Hoki,

als ich gestern abend vom Imperial Gardens heimkam, schrieb ich den beigefügten Brief. Nachdem ich ihn heute morgen nochmal gelesen habe, glaube ich, ich sollte noch einiges hinzufügen. Schließlich bin ich es Dir schuldig, mich so deutlich wie möglich auszudrücken, Dich vor allem nicht zu verletzen, Dir keine Schuldgefühle einzuflößen, und ich will auch nicht, daß Du Mitleid mit mir hast.
Du weißt, ich habe Dir ziemlich viele Briefe geschrieben, die ich nie abgesandt habe. Einige davon habe ich zerrissen, andere behalten. Ich habe nicht das Herz, die, die ich aufbewahrt habe, zu zerreißen. Wenn Du willst, schicke ich sie Dir, und dann kannst Du sie selbst vernichten, denn sie gehören ja in Wirklichkeit Dir. Wenn Du sie liest, — falls Du es tust, wirst Du sehen —, welche Qualen mir meine unerwiderte Liebe zu Dir verursacht hat.

Was mich quält bei dem Entschluß, den Kampf aufzugeben, ist mein Versagen. Ich habe das Ideal der wahren Liebe nicht erreicht, so wie sie in ›The Greatest Thing in the World‹ dargestellt ist, in dem kleinen Buch, das ich Dir geschenkt hatte. Ich bin nur ein schwacher Mensch. Ich habe gehofft, daß meine Liebe erwidert, meine Gebete erhört würden. Wäre ich ein großmütigerer Mann, eine edlere Seele, ich hätte mich damit begnügt, Dich zu lieben, ohne auf Deine Liebe zu hoffen.

Aber da ich durch und durch Mensch bin, konntest Du das nicht von mir erwarten. Du selbst hast mir gestanden, daß Du nicht liebst, nicht lieben kannst, nicht weißt, was Liebe ist — und noch mehr als das, Dich zu Tode langweilen würdest, wenn Du mit einem Mann zusammenleben, mit ihm schlafen und Ehefrau oder Geliebte spielen würdest.

Jemanden zu lieben, bedeutet, ihn so zu akzeptieren, wie er ist, und wie ich schon zu Anfang dieses Briefes zugegeben habe, muß ich mir vorwerfen, daß ich das nicht konnte. In den Augenblicken, da Du mir gegenüber offen warst, hast Du Dich mir nicht als Person, nicht als menschliches Wesen, und schon gar nicht als Frau dargestellt, sondern als ein Nichts. Wie sollte ich sonst auf solche Eingeständnisse reagieren?

Als sich unser Gespräch dem Ende näherte,, hat Du mir Dein betörendes Lächeln geschenkt und gesagt: »Weißt Du, Du hast es länger als irgendeiner der Männer vor Dir ausgehalten.« Das implizierte die Frage: Henry, was ist los mit dir? Wann wirst Du endlich erwachen, wirst erkennen, daß ich nicht gut bin für Dich, daß Du nur Deine Zeit verschwendest?

Liebe Hoki, Du sollst wissen: Jeder Gedanke, jede Aufmerksamkeit und die Liebe, die ich für Dich empfand, war *nicht* vergeudet ... *nicht für mich.* Und ich vermute, Du wirst nie begreifen, daß derjenige, der sich selbst schenkt, egal wem, gewinnt und nicht verliert, reicher wird und nicht ärmer.

Ich schreibe Dir diese Zeilen, und ich weiß genau, daß ich nicht auf der Stelle geheilt werden kann von der Liebe zu Dir, auch wenn ich es mir wünsche. Du hinterläßt eine tiefe Wunde in mir, die nicht so schnell heilen wird.

Wie Du weißt, werde ich heute abend als Fürsprecher für meinen Freund Jean auftreten — in einem aussichtslosen Fall. Ich werde mit der Frau reden, als redete ich mit Dir, als würde ich in eigener Sache plädieren. Vielleicht geschieht das Wunder, und sie läßt sich erweichen. Vielleicht kann ich für Jean erreichen, was mir versagt bleibt. Du hast mich einigen Deiner guten Freunde vorgestellt. Du sollst wissen, daß einige von ihnen alles versucht haben, um mir zu helfen. Anderen tat ich leid, oder sie hatten Mitgefühl. Du hast *wirklich* gute Freunde, und ich weiß, Du selbst bist ihnen auch eine gute Freundin. Deine Freunde kennen Dich, verstehen und akzeptieren Dich so, wie Du bist. Und ich, der ich Dich so sehr liebe, bin unfähig dazu. Welch ein Jammer! Was für ein grausames Unglück!

Ich weiß, Du wirst mir verzeihen und mich schnell vergessen. Du selbst hast es so gewollt. Vielleicht haben wir beide in einem nächsten Leben mehr Glück miteinander.

Weißt Du, wie wir alles auf eine originelle Weise zum Abschluß bringen könnten? Schreib an den Herausgeber der Frauenzeitschrift in Tokio und teile ihm mit, Hoki Tokuda möchte nach reiflicher Überlegung der Welt verkünden, daß sie jeden Gedanken an eine Ehe mit Henry Miller aufgegeben hat und ihr eigenes Leben führen möchte.

Was Henry Miller betrifft, so wird er seinen eigenen, nicht immer durch die Ratio bestimmten Weg gehen, weiterhin an die Liebe glauben, an deren Macht, an Wunder.

Ein Fisch

Der Uralte

Der Hut und der Mann

Zwei junge Mädchen

Melancholie

Meeresphantasie

Nordafrika

Mädchen mit Vogel

Ein Geschenk von Henry an Hoki. Auf ihre Bitte wurden die »chin-chins« in der linken unteren Ecke des Gemäldes mit Briefmarken überklebt.

Henrys Geburtstagsgemälde für Hoki, zur Feier »ihres ersten Geburtstages unter dem Sternenbanner«.

Thursday midnight

Good morning, dear night owl, and how is your butterfly to-day? I thought I would let you put this in the waste basket for me, along with your unwritten thoughts. This is a sheet of paper on which I tested my colors. I didn't have the heart to throw it away myself. Maybe you have a little private cemetery in which to bury spots of color, old love letters, broken feathers and other such trifles. If not, I will make one for you. Call at any hour of the day or night — always at your service. We also repair broken skulls and revive old skeletons.

Remember, the left hand is the dreamer: All dreams must be played in the key of C sharp minor!

Henry Valentine Miller
11/24/66

Ein Gruß von Henry Miller an Hoki, der später als Postkarte und Plakat gedruckt wurde.

Wenn es einen Schöpfer gibt, der uns Glauben und Freude, Mut und Glück geben kann, bitte ich ihn, er soll Dir, meine liebe Hoki, seine Gunst schenken. Und ich sage noch einmal: »Ich danke Dir, daß Du Liebe in mir erweckt hast, auch wenn sie unerwidert blieb!«

25. Januar 1967

Liebe Hoki-San,

ich habe soeben einen Brief der Astrologin (Madame Langman) aus der Schweiz bekommen, in dem sie sich nach Dir erkundigt. Wie Madame Camargo in Kolumbien, ist sie sehr an Dir interessiert.

Sie schreibt, wenn Du Deine Geburtsstunde nicht weißt, kannst Du ihr vielleicht die ungefähren Daten (Monat und Jahr) der entscheidensten Perioden Deines Lebens angeben — und zwar bis in die früheste Kindheit zurück. Sie meint natürlich Ereignisse, die Dich geprägt haben, wie zum Beispiel der Tod der Mutter, erste Liebe (wenn sie schmerzlich war), der Anfang einer Karriere, Auslandsreisen, einfach alles, das Dich emotional sehr berührt hat.

Vielleicht erinnerst Du Dich, wenn Du Ruhe hast, Urlaub machst, an einige solcher Ereignisse. Warum hältst Du sie nicht in Deinem Notizbuch fest und gibst sie mir später?

Auch wenn *Du* kein Interesse an Deinem Horoskop hast, *ich* habe es. Vielleicht kann es mir manche Erkenntnis über Dinge bringen, die mir rätselhaft sind, zumindest, was Dich und mich betrifft.

Du mußt diese Daten nicht *mir* geben. Ich gebe Dir gern die Adresse der Astrologin, und Du kannst sie ihr direkt zuschicken.

Ich habe vergessen Dir zu schildern, wie diese Information dem Astrologen hilft, die ungefähre Geburtsstunde zu ermitteln — manchmal sogar die *genaue* Zeit. (Verschiedene Astrologen haben mein Horoskop zweimal »korrigiert«. Mütter geben manchmal falsche Zeiten an — meine wußte sie nicht genau, hat nur geraten.)
Der Clou ist, daß diese wichtigen Momente Deines Lebens deutlich in Deinem Horoskop zu erkennen sind. Sie sind eine Art Bezugspunkt. Doch ich möchte es nicht komplizieren. Bitte glaub mir, ich weiß, wovon ich rede.
Die Frau ist übrigens höchst einfühlsam, scheint ein besonderes Gespür zu haben, was so wichtig ist für die Kunst der Deutung. Mehr will ich dazu nicht sagen, alles weitere liegt nun bei Dir.
Bekam gerade eine Postkarte von Nobuko. Dieses Mädchen ist ein Engel. Bitte grüße sie herzlich von mir.
Und paß gut auf Dich auf!

Dein
Henry-San

P. S.: »Town« mit dem Tonoyma-Interview (und Fotos) ist erschienen. Ich habe aber noch kein Exemplar bekommen. Bin sehr gespannt, was Tonoyama geschrieben hat.

28. Januar 1967
3.15 Uhr nachts

Hoki-San,

Du wirst immer unmöglicher. Du benimmst Dich wie ein Kind. Das stößt mich ab. Ich war heute abend nicht betrunken, auch wenn ich reichlich getrunken habe. Ich war in guter Stimmung. Und Du erzählst mir diesen Schwachsinn, von wegen Wut auf mich, und *ich* soll Dich anrufen und so weiter. Ich weigere mich, dieses Spiel mitzuspielen. Ich habe die Nase voll davon. Entweder Du benimmst Dich wie eine Frau oder Du verschwindest ganz aus meinem Leben.

Ich kann nicht leugnen, daß ich Dich trotz allem liebe, aber ich lasse mich nicht als Vollidiot behandeln. Ich werde Dich aufgeben, auch wenn es mich umbringt. Und ich will Dich nicht sagen hören: »Tut mir leid, ich war in schlechter Stimmung, hatte Kopfweh«, etc., etc. Wenn Du mich willst, mußt Du zu mir kommen, mir ein wenig Gefühl zeigen, Dein Herz öffnen, mir beweisen, daß Du mich liebst. Weniger als das werde ich nicht akzeptieren. Ich habe Dir alles geboten, und Du hast es verschmäht. Ich will keinen Gefallen von Dir, ich will *Dich*. Und wenn Du Dich nicht geben kannst, ist es gelaufen.

Ich erwarte eine Antwort von Dir. Das ist das mindeste, was Du tun kannst. Das muß aufhören, auf die eine oder andere Art. Die Entscheidung liegt bei Dir. Glaub mir, ich meine es todernst.

Henry-San

Februar 1967

Liebe Hoki-San,

hat Riko Dir meine Botschaft überbracht? Ich meine es ernst. Keine Spielchen mehr, keine Verstellung. Ende April fliege ich nach Japan. Wenn Du jetzt zurück mußt, treffe ich Dich dort. Wenn Du mich wirklich ehrlich willst, heirate ich Dich dort. Wenn Du hier bleiben kannst, heirate ich Dich hier. Es liegt ganz an Dir. Du hast mich viele Monate im unklaren gelassen. Du hast mich abscheulich behandelt. Würde ich Dich nicht so sehr lieben, wie ich es tue, ich würde Dich hassen.

Das ist das letzte Mal, daß ich über Liebe — und Heirat spreche. Wenn Du nicht antwortest, dann weiß ich, daß Du nicht interessiert bist. Dann lasse ich Dich in Ruhe. Ich werde Dich nie mehr belästigen, Dich nie wiedersehen.

Wenn Du magst, ruf mich heute abend an, wenn Du von der Arbeit kommst. Ich werde wach sein.

Ich will, daß Du mir die Wahrheit sagst. Wenn Du glaubst, daß ich zu alt für Dich bin, kann ich das verstehen. Wenn Du in jemanden anderen verliebt bist, ist das okay. Ich möchte nichts anderes von Dir als das, was Du mir freiwillig geben willst.

Jemand hat mir Tonoyamas Artikel in der »Town« übersetzt. Ich habe nie behauptet, daß ich mit einer Geisha schlafen wollte; ich wäre gerne mit einer befreundet, aber nicht ihr Liebhaber. Der Ton dieses Interviews gefiel mir nicht, erinnerte zu stark an den ›Playboy‹ in Amerika.

Henry-San

Dienstag (Februar)

Liebe Hoki-San,

solltest Du je wieder Magenschmerzen haben, dann bitte Frank, Dir ein *kleines,* ein sehr kleines Glas Fernet-Branca zu bringen. Das ist ein italienischer Magenbitter und das reinste Wundermittel. Schmeckt bitter, wie Medizin — aber nicht *zu* schlecht. Ich schicke Dir diesen Brief ins Imperial Gardens, so daß Du es, wenn Du immer noch Krämpfe haben solltest, gleich heute abend ausprobieren kannst.

Liebe Hoki — ich kann doch nicht nach Hawaii fliegen (Du hattest mich gesten abend schon fast herumgekriegt). Einige unerwartete Dinge zwingen mich, hier zu bleiben — zu meinem Bedauern. Besuche, die meinen Film betreffen — sieht ganz danach aus, als ob Cantiflas (der mexikanische Chaplin) die Rolle annimmt. Doubleday (Verleger) möchte meine Bilder fotografieren und mit mir reden — will vielleicht ein großes Album mit 30 bis 40 Aquarellzeichnungen von mir herausgeben. Muß den Leiter des Symphonieorchesters von Los Angeles treffen; er möchte meine Oper in den USA auf die Bühne bringen. Und noch einiges mehr. Das alles dieses Wochenende und Anfang nächster Woche.

Ganz unvermutet, wenn ich gar nicht mehr daran denke, gelingt plötzlich alles; so hat es meine Schweizer Astrologin für 1967 vorausgesagt. Wenn ich nicht in Japan sterbe, wird es vielleicht ein sehr gutes Jahr für mich, und ich werde die Früchte meiner Arbeit genießen können, wie es so schön heißt.

Falls ich Dich vor Deinem Abflug nach Hawaii nicht mehr sehen sollte, wünsche ich Dir eine wunderschöne Zeit! Und nimm Dich in acht vor den reifen, tropischen Früchten, damit Du nicht noch mehr Magenschmerzen bekommst (*frische Ananas* ist sicher köstlich!). Ich werde Dich vermissen. Aber schließlich vermisse ich Dich hier auch.

Henry-San

P. S.: Die Platten habe ich Dir weniger wegen der Musik gegeben, als wegen der Textstellen, dic ich unterstrichen habe. Ganz besonders »Domino«. Wenn ich wiederkomme, wünsche ich mir, daß Du es für mich singst.

2. Februar 1967

Liebe Hoki,

das ist meine letzte schlaflose Nacht wegen Hoki Tokuda. Ich habe mich endlich dazu durchgerungen, Dich zu vergessen, Dich aus meinen Gedanken zu verbannen, Dich ins Nichts versinken zu lassen. Der Grund dürfte wohl leicht zu erraten sein. Du brauchst nur Deine wahren Gefühle für mich zu betrachten.
Als Du mich am Telefon überreden wolltest, mit Dir nach Hawaii zu fahren, glaubte ich einen Augenblick lang, eine Nuance echter Zärtlichkeit, echten Verlangens in Deiner Stimme zu hören. Und ich schmolz dahin.
Doch in meinem Inneren weiß ich, daß Du Dir nicht wirklich etwas aus mir machst. Ich glaube jetzt all die schrecklichen Dinge, die Du mir von Dir berichtet hast. Plötzlich dämmert es mir, daß es für uns als Paar keine Hoffnung gibt. Da war nie etwas — außer meinen

törichten Träumen. Ich hatte gehofft, ich könnte ein gutes Gespräch mit Dir führen, einige Dinge klären, zumindest für mich. Meine Intuition sagt mir, daß ich mit Dir nicht weiterkomme. Du würdest mich einfach weiterschmoren lassen, wie Du es so viele Monate lang getan hast.

Falls diese Worte Dich verletzen, vergiß bitte nicht, sie tun mir tausendmal mehr weh. Aber ich muß einen Schlußpunkt setzen, oder Du zerstörst mich. Mich als Mann hast Du bereits gedemütigt. Ich habe es ertragen, weil ich so verrückt war zu glauben, meine Liebe würde alles überwinden. Aber ich bin zu dem Schluß gelangt, sei das nun richtig oder falsch, daß Dir nichts, absolut nichts, unter die Haut geht. Du hast Dich selbst außerhalb des Zauberkreises der Liebe gestellt — sei es die Liebe des Mannes oder die Liebe Gottes. Vielleicht wachst Du eines Tages auf. Hoffen wir, daß es dann nicht zu spät ist.

Henry-San

April 1967, Samstag 22.10 Uhr
Stunde des Skorpions
Monat der Kobra
Jahr der Verzweiflung

Hoki-Sama:

Noch ein verrückter Brief, vielleicht der letzte. Gleich zu Anfang: Ich bin müde, sehr müde, nicht nur weil ich seit über acht Wochen nicht genug Schlaf bekommen habe, nicht nur, weil ich Raubbau mit meiner Gesundheit getrieben habe, sondern hauptsächlich deshalb, weil ich so wenig echte Reaktion von Dir bekomme. Ich weiß nicht, wie lange ich das noch durchhalte. Du bist von allen Frauen, die ich in meinem Leben kennengelernt habe, die einzige, die mich so gleichgültig behandelt. Du empfindest nicht einmal Haß für mich, was immerhin ein Zeichen von Gefühl wäre. Du tust, als gäbe es mich nicht, oder als wäre ich ein Anhänger, den Du um den Hals trägst. Wenn ich mit Dir telefoniere, erzählst Du mir vom Waschsalon und wie toll ein Jaguar ist, sagst nie ein Wort, das menschliche Gefühle, Wärme, Verlangen, Begeisterung verraten würde. Nur Dein Blick zeigt ab und zu Zuneigung. Doch wenn ich lang genug an der Bar bleibe, stelle ich fest, daß Du Mr. Nobody oder Mr. Anybody den gleichen Blick schenkst. Das ist der Blick der Entertainerin, die sich verpflichtet fühlt, ihrem Publikum zu gefallen. Niemandem schenkt sie besondere Aufmerksamkeit, zumindest scheint das so. Ich weiß, ich spreche wie ein eifersüchtiger selbstgefälliger Ziegenbock. Aber ich kann nicht anders. Eigentlich bin ich anders, vertrauensvoll, glaube an die Menschen. Wie gesagt, Deine Nicht-Reaktion bringt mich auf die Palme. Nie zeigst Du das geringste Interesse, die geringste Neugier an dem, was ich Dir erzähle oder schreibe. Es ist, als ob ich gegen eine Wand redete. Ich weiß, daß Du keine Briefschreiberin bist, Dich auf englisch nicht so ausdrücken kannst, wie Du es gerne möchtest, und doch, wenn Du Dich wirklich mitteilen wolltest, könntest Du's. Ich habe echte Verständigung mit Menschen erlebt, die weitaus weniger Englisch konnten als Du, deren Sprache oft lächerlich klang, denen es aber trotzdem gelang, ihre Gefühle auszudrücken. Manchmal frage ich mich, ob ich deshalb solche Schwierigkeiten mit Dir habe, weil ich die Mentalität der Japanerinnen nicht verstehe. Aber sind japanische Frauen denn wirklich so anders als alle anderen Frauen dieser Welt? Sind sie wirklich so undurchdringlich? Immerhin gehörst Du ja zur neuen Generation, bist eine moderne Japanerin, unabhängig, mit eigenem Geld, eigenen Problemen und eigenen Lösungen. Ich habe es ja nicht mit einer Frau aus der Meiji-Zeit zu tun. Obwohl Lady Murasaki vor fast tausend Jahren lebte, kann ich mich gut in sie hineindenken. Weshalb sollte Hoki so schwierig sein?

Und dann überlege ich, daß sie mir wohl — wie andere Frauen — nicht die volle Wahrheit über sich gesagt hat. Vielleicht ist sie in einen anderen Mann verliebt und verschweigt es mir, aus Furcht, meine Gefühle zu verletzen. Vielleicht liegt ihr mehr an meiner Freundschaft als an meiner Liebe. Vielleicht ist das japanischer Takt, japanische Diskretion, japanische Freundlichkeit — und ich bin zu dumm, um es zu verstehen und zu schätzen.

Und dann drängt sich mir ein Gedanke auf, den ich vergessen möchte. Als wir in Deinem Haus saßen und über Liebe redeten, sagtest Du plötzlich: »Als ich jünger war, habe ich auch so empfunden, aber das habe ich alles hinter mir«, als wäre die Liebe der größte Blödsinn. Ich erinnere mich, wie Du mir die Hand hingestreckt hast, um mir zu gratulieren (ironisch), weil ich ein paar Heiratsanträge bekommen hatte. Als ob Du sagen wolltest: »Wie nett, daß Du in Deinem Alter noch so romantisch bist.« Dahinter verbarg sich, daß Du Dich von all dem abgewandt hast, daß es in Deinem Leben andere, wichtigere und aufregendere Dinge gibt, als nur verliebt zu sein.

Auf jeden Fall bin ich äußerst verwirrt, äußerst verstört. In meiner Begeisterung sandte ich Dir Briefe meiner Leser, von denen ich glaubte, sie könnten Dich interessieren, doch sie flattern zu Boden wie welkes Laub. Und dann bin ich verlegen. Glaubt sie etwa, frage ich mich, daß ich versuche, mich zu produzieren, zu beweisen, was

ich bin. Wie idiotisch und widerlich das wäre. Die Wahrheit ist, daß ich niemanden habe, mit dem ich all die wunderbaren Dinge, die mit der Post zu mir kommen, teilen kann. Und ich habe das Bedürfnis, sie mit jemandem zu teilen. Sonst wäre ich ja wie ein Geizhals, der auf seinem Schatz sitzt. Das bringt mich auf meine Sekretärin Connie, die seit ungefähr zwei Jahren bei mir ist. Jeden Tag hält sie Juwelen in den Händen, doch sie erkennt sie nicht. In all der Zeit hat sie nie ein Buch von mir gelesen. Sie hat Tausende von Briefen abgeheftet und nie das Verlangen verspürt, auch nur einen davon zu lesen, war nicht begierig zu erfahren, wer den Brief geschrieben hatte und weshalb. Sie ist willig und gehorsam, spurt, wenn ich pfeife, egal, ob es darum geht, einen Brief zu schreiben, das Telefon abzunehmen, mich irgendwohin zu fahren, oder die Toilette zu putzen. Ich glaube, wenn ich sagen würde: »Connie, würdest Du bitte den Rock hochheben und mir Deine Muschi zeigen«, würde sie es tun. Anders ausgedrückt: Für sie ist alles gleich wichtig oder unwichtig, es gehört zu ihrem Job. Ihr Motto scheint zu lauten: »Zu Ihren Diensten, Mister.« Vielleicht würden manche in ihr die ideale Sekretärin sehen. Ich nicht! Es macht mich wahnsinnig, auch wenn ich schätze, was sie für mich tut. Aber ich möchte keinen Roboter, sondern eine Sekretärin aus Fleisch und Blut.
Oder, wie mir Ueno-San am Schluß seines letzten Briefes schreibt: »Mögest Du Dich noch mehr in diese Liebe verrennen und dadurch so viel jünger werden. Vergiß alles und stürze Dich in die Flammen der Liebe, bis das Feuer Dich versengt. Brennende, gewaltige, schreckliche Liebe. Harakiri-Liebe, Kamikaze-Liebe. Liebe als eine rosenrote Kreuzigung, die Dir allein vorbehalten ist. Halleluja! Amen!« So kann nur ein Nachkomme der Samurai sprechen. Und ich, der ich glaube, daß meine Vorfahren Mongolen, Hunnen und Tartaren waren, spreche seine Worte nach.

Vielleicht ist dieser Ueno-San eine sehr exzentrische Persönlichkeit, ein seltsamer Japaner, ja, ich bin sogar davon überzeugt. Doch welche Vitalität durchströmt seine Briefe, welche Begeisterung, welches Verlangen, meine Gedanken kennenzulernen und zu teilen. Er ist fünftausend Meilen entfernt, in einer gottverlassenen Stadt namens Ichinosaki (Präfektur Iwate), und doch habe ich das Gefühl, er wohnt um die Ecke. Jede Woche schreibt er mir zwei bis drei Briefe, schickt mir Zeitschriften, Zeichnungen seiner Kinder, kleine Geschenke. Hat tausend Fragen, weil er meine Bücher gelesen hat. Und Du, die ich liebe, die Du nur ein paar Meilen von mir entfernt bist, die ich mit Briefen bombardiere, der ich mein Herz ausschütte... nun, Du könntest genauso gut in der Wüste Gobi oder auf dem Jupiter leben, so kalt läßt Dich das alles. Du sagst, Du redest über mich, aber redest Du auch mit mir? Vielleicht im Schlaf. Aber auch daran zweifle ich, nachdem ich gesehen habe, wie tief Du schläfst, wie sehr Dein Nachtgesicht einer Statue der Osterinseln gleicht. Welch eigenartige, herrliche, unterschiedliche Gefühle hatte ich, als ich das letzte Mal in Deinem Bett schlief! Wie gerne hätte ich Dich ganz fest an mich gedrückt, mit Dir geredet, wäre am liebsten unter Deine Haut geschlüpft, wollte echten Kontakt mit Dir, greifbare menschliche Nähe. Als Du sagtest »ich fühle mich so schwach«, wäre ich am liebsten geschmolzen. Ich empfand solche Zärtlichkeit, solches Verlangen, Dich zu trösten, Dich zu beschützen, Dir Kraft zu geben, daß mir der bloße Gedanke, mit Dir zu schlafen, wie ein Sakrileg vorgekommen wäre. Wie konnte ich Dir meine Leidenschaft aufdrängen, da Du doch nach etwas Größerem verlangtest, etwas, das darüber hinausging? In dem Augenblick empfand ich für Dich viel mehr, als ein Mann im allgemeinen für eine Frau empfindet. Nachdem ich mich davon überzeugt hatte, daß Du fest eingeschlafen warst, wollte ich geräuschlos aufstehen, mich anziehen, aus dem Haus schleichen und den Sunset Boulevard hinunterwandern. Ich wollte Dich in Frieden zurücklassen, damit Du ungestört ruhen konntest. Doch dann wandtest Du mir Dein Gesicht zu, und in dem Dämmerlicht betrachtete ich fasziniert Dein Nachtgesicht, das ich nie, nie vergessen werde. Es wäre über meine Kraft gegangen, mich davonzustehlen.

Nun, meine liebe, liebe Hoki, wenn Du den Brief bis hierher gelesen hast, kannst Du Dir ein wenig vorstellen, welche Qualen ich durchmache. Wie ich zu Beginn schrieb, ist dies vielleicht der letzte Brief dieser Art an Dich. Du allein entscheidest jetzt, wie sich unsere zukünftige Beziehung gestalten wird. Wenn Du sie beenden möchtest, dann brauchst Du nur diesen Brief zu ignorieren, wie alle anderen. Das reicht als Antwort und kostet Dich keine Anstrengung. Wenn Du es so haben willst, dann verspreche ich Dir, daß ich Dich nicht mehr belästigen werde... Ich werde Dir nie mehr schreiben, Dich nie mehr anrufen und — Gott stehe mir bei — auch nicht mehr sehen. Ich werde meinen ganzen Mut und meine Kraft dazu brauchen, aber ich werde mich daran halten. Wenn es gar nicht anders geht, werde ich verreisen, nach Europa oder sonstwohin, bis die Wunde verheilt ist. Was auch immer geschieht, ich werde Dich nie vergessen und nie aufhören, Dich zu lieben.

Und so sage ich Dir,
meine reizende Prinzessin, gute Nacht!

7. Juni 1967

Liebe Hoki-San,

heute morgen erzählte mir Riko-San, wie gut Du Dich gegenüber Makos Freund über mich geäußerst hast. Ich war sehr gerührt. Wie Du ja weißt: Auch wenn Du eines Tages meine Freundin sein solltest, könnte ich nur Gutes über Dich sagen. Und ganz besonders über Deine »Seele«, die auf armenisch »Hoki« heißt, wie ich kürzlich erfahren habe.

Gestern bekam ich zwei Briefe aus Japan, die mir über den Artikel im ›Playboy‹ berichteten. Anscheinend wird Fugishimas Worten viel Aufmerksamkeit geschenkt — was wirklich schlimm ist. Er scheint ein recht boshafter Dummkopf zu sein!

Connie versucht, die Adresse von Harper und Row herauszufinden, damit wir feststellen können, ob die Rechte für die japanische Übersetzung noch frei sind.

Weißt Du was? Ich würde gern Deinem Vater einen Brief schreiben. Ich möchte ihm ein paar nette Sachen über Dich berichten, und sagen, daß ich hoffe, ihn bei meiner Japanreise zu sehen — vielleicht im Oktober. Könntest Du mir seine Adresse geben und den Namen seiner Firma? (Ich würde Dir meinen Brief zeigen, bevor ich ihn abschickte.)

Von Zeit zu Zeit leide ich unter Schlaflosigkeit, doch jetzt ist es anders. Ich wache lächelnd oder lachend auf, und mein Herz ist voller Freude. Ist das nicht wunderbar? Und das alles verdanke ich *Dir.* Ich habe als »großer Liebhaber« ausgespielt und mich als Mann gefunden, als menschliches Wesen, das sich einfach freut, zu leben und keine Götter oder sonst jemanden um Gunst anflehen muß. Ich danke Gott (oder wem auch immer) dafür, daß ich lebe und seine Schöpfung genießen kann.

Übrigens, ist das junge Mädchen aus Tokio, das in Amerika arbeiten wollte — Miss Matsunaga — je eingetroffen? Ich habe immer noch ihr Foto. Und bei der Eröffnung der Show werde ich mit einigen Fotos von Dir aufwarten können. Vielleicht gebe ich heute abend Riko die ganze Serie.
Aishite ru!*

Henry-San

* In ewiger Liebe!

10. Juni 1967

KOPIE FÜR HOKI-SAN

Lieber Atsu-San — *Atsu Kawabata,*

nach all unseren Gesprächen habe ich das Bedürfnis, Ihnen noch mehr zu sagen, weiß ehrlich nicht, wo ich anfangen oder aufhören soll. (Ich vermute, daß ich, wie ich Ihnen bereits gesagt habe, eines Tages alles selbst aufschreiben muß). Im Augenblick ist mein Hauptanliegen, daß Hoki Gerechtigkeit widerfährt. Es macht mir überhaupt nichts aus, wenn ich als Narr erscheine, zudem noch als alter Narr. Sie wissen ja, es gibt nichts Schlimmeres. Wenn Sie Goethes Biografie gelesen haben, werden Sie verstehen, worauf ich anspiele. Seine letzte Liebesgeschichte mit dem jungen Mädchen, das ihn zurückwies, bleibt für immer in meinem Gedächtnis haften. Doch Pablo Casals Leben beweist wieder das Gegenteil! Er ist jetzt neunzig und führt seit acht oder neun Jahren eine glückliche Ehe mit einer Frau, die heute erst dreißig ist. Aber Casals ist sowieso ein außergewöhnlicher Mensch in diesen Zeiten. Wahrscheinlich ist er der einzige Mann auf der Welt, dessen Lebensstil ich beneide, nicht wegen seiner erfüllten Liebe, sondern wegen all der Dinge, die er tut und sagt, seiner Hingabe an seine Kunst, seines wunderbaren Einsatzes für seine Landsleute etc.

Trotz allem, was ich Ihnen über Hoki und mich erzählt habe, ist mir klar, daß damit das eigentliche »Drama« nur in Umrissen deutlich wird ... In all meinen Büchern oder sogar im Falle von Mona, die ich ausgiebiger und lebendiger geschildert habe als die anderen, hatte ich Scheu, näher auf das wahre Wesen der »Liebe« einzugehen — vielleicht, weil ich fühle, daß sie heilig ist und nicht bestimmt für die Öffentlichkeit und zum Teil, weil diese Art von Liebe mit Großbuchstaben geschrieben werden sollte — LIEBE, und nicht so, wie meist mit ihr umgegangen wird. Im Grunde meines Herzens bin ich scheu und verschwiegen, insbesondere, wenn es um Dinge geht, die für mich lebenswichtig sind. Es fällt mir leicht, Anekdoten zu erzählen, mich und andere zu parodieren, zu lügen, zu fantasieren, die Dinge zu verdrehen, zu amüsieren, doch wenn es um Wichtiges geht, um echte Gefühle, werde ich sehr still und zurückhaltend und spreche nur mit meinem »Schutzengel« darüber. Darf ich Ihnen nochmals sagen, daß trotz der scheinbaren Bekenntnisse in meinen Büchern mein wahres Ich, meine wirklichen Abenteuer verborgen geblieben sind.

Meine Unwissenheit und Unbeholfenheit in bezug auf orientalische Frauen, insbesondere die Japanerinnen, hat die ›Romanze‹ mit Hoki erschwert. Zum Beispiel wußte ich lange nicht, daß man zu einer Japanerin nicht »ich liebe dich« sagt, zumindest nicht, bis der richtige Augenblick gekommen ist. Natürlich weiß ich, daß die westlichen Männer, insbesondere die Amerikaner, das Wort Liebe allzu leicht aussprechen. In meinem Fall war es aufrichtig, ehrlich, und ich glaube, Hoki hat das schließlich auch erkannt. Eine weitere Schwierigkeit oder ein Fauxpas von mir war, daß ich keine Ahnung hatte, wie zutiefst verletzt eine Japanerin ist, wenn man ihr vorschlägt, unverheiratet mit einem Mann zu leben. Ich hielt Hoki für ein sehr modernes Mädchen, auch wenn sie in Japan aufgewachsen ist.

Außerdem hat sie mir, wie ich Ihnen ja bereits berichtet hatte, von Anfang an klargemacht, daß sie nicht heiraten wollte. Der bloße Gedanke an eine Ehe schien sie abzuschrecken. Ich möchte hier wiederholen, was ich Ihnen bereits mehrere Male gesagt habe, — Hoki war mir gegenüber immer aufrichtig, ehrlich und anständig. Sie hat mir alle ihre Fehler und Unzulänglichkeiten geschildert, die ich kaum glauben konnte. Vielleicht tat sie das, um mich abzuschrecken. Aber ich achtete sie für ihre Offenheit und liebte sie um so mehr, weil sie mir die Wahrheit gesagt hat.

Und nun möchte ich noch ein paar Worte über Liebe und Ehe hinzufügen. Ich finde, Liebe — großgeschrieben — und Ehe sind zweierlei Dinge. Sie wissen ja, daß ich nicht an die Ehe in der heutigen Form glaube. Und doch gibt es so etwas wie »Ehe«, sei sie nun legal oder illegal. Und es gibt auch die Liebe, ob sie nun durch die Ehe besiegelt ist oder nicht. Ehen werden im Himmel geschlossen, habe ich irgendwo gesagt. Diese Ehen bestehen zwischen zwei »Seelen«. Ob es eine körperliche Vereinigung gibt oder nicht, macht keinen Unterschied. Vielleicht heißt das, was ich meine, bei Goethe »Wahlverwandtschaften«.

Wenn wir von Liebe sprechen, dieser Art von Liebe, dieser Anziehung zwischen zwei Seelen trotz aller Hindernisse und Rassen-, Religions- und Erziehungsschranken, ist es dann nicht unwichtig, ob die Frau, die man liebt, Kabarettänzerin, Prostituierte, Diebin oder sonst was ist? Hoki hätte alles das sein können, und es hätte an meiner Liebe nichts geändert. Vielleicht hätte es meine Leidenschaft noch erhöht, mein Mitleid erweckt, den Wunsch, zu helfen und zu beschützen, mein inbrünstiges Bemühen, sie noch besser zu verstehen.

Natürlich ist der japanische Leser von unserem Altersunterschied, unserem unterschiedlichen Status (?) und alldem fasziniert. Aber warum kann er das nicht als Zeichen von etwas Seltenem und Schönem ansehen und sieht statt dessen Triviales und Lächerliches? Ehrlich gesagt, es ist mir gleichgültig, was die japanische Öffentlichkeit über mich denkt. Ich bin, wer ich bin. Und wenn ich wirklich blind, töricht und betrogen bin, was soll's? Das macht mich nur noch menschlicher, oder? Wir leben nicht in einer Welt der Götter und Halbgötter, sondern der Menschen, die gut und böse sind, weise und unwissend, liebenswürdig und lasterhaft.

Nun, ich glaube, ich habe mehr als genug gesagt. Ich werde Ihnen ein paar interessante Fotos schicken, doch meine beiden Freunde sind total überlastet, und ich bekomme die Bilder erst in ein paar Tagen. Ich schicke Sie Ihnen, sobald sie fertig sind. Einige Fotos von Hoki, besonders die, die vor kurzem in der Galerie aufgenommen wurden, sind unglaublich schön und zeigen sie in ihrem ganzen Liebreiz.

Wenn ich sonst noch etwas für Sie tun kann, lassen Sie es mich wissen. Ich kann Ihnen nicht sagen, wie sehr ich mich über unsere Begegnung gefreut habe. Und aufs Neue beglückwünsche ich Sie zu Ihrem guten Englisch. Sie sind der erste Japaner, den ich kenne, der so fließend und korrekt englisch spricht — akzentfrei! Ich wünsche Ihnen alles Gute!

Herzliche Grüße
HM

20. Juni 1967

An die japanischen Leser

Nachdem nun der größte Teil der schmutzigen Wäsche in der Öffentlichkeit gewaschen wurde, ist es mir ein Vergnügen, ein paar schmutzige Socken oder Taschentücher eigenhändig zu säubern. Ich verspreche Ihnen nicht, die volle Wahrheit zu sagen, denn die geht nur mich etwas an. Ich möchte aber gern ein paar einfache Tatsachen der berühmten Miller-Tokuda-Romanze schildern, die von den zahlreichen Reportern, die sich jede Mühe gegeben haben, den Topf am Sieden zu halten, übersehen oder verzerrt wurden.
Es ist richtig, daß ich unsterblich in Hoki Tokuda, ehemalige Pianistin im Imperial Gardens, Hollywood, verliebt war, und es vielleicht immer noch bin. Nach dem letzten Bulletin aus Tokio ist die Affäre jetzt beendet. Aus gleicher Quelle stammt die Information, daß ich vor kurzem eine Kunstgalerie für unsere gemeinsame Freundin Riko Mizuno gekauft habe, die angeblich meine Liebesbriefe an Hoki-San übersetzen mußte, da Hoki zu wenig Englisch verstand. In anderen Berichten habe ich gelesen, daß die Aquarelle, die ich Hoki-San geschenkt habe, 30 000 Dollar — nicht Yen — wert seien. Doch nirgendwo stand etwas von dem Stein aus König Salomons Schatz, den ich Hoki-San geschenkt habe und aus dem wir zwei Ringe fertigen ließen und von dem Herrenhaus in Beverly Hills, das ich ihr kaufen möchte, um zu zeigen, daß wir immer noch gute Freunde sind. Auch der Rolls Royce blieb unerwähnt, den ich für sie ausgewählt habe, für den Fall, daß sie einen orientalischen Potentaten heiraten sollte.
Nein, ich habe Riko Mizuno keine Galerie gekauft, obwohl ich es gern getan hätte, wenn sie mich darum gebeten hätte. Statt dessen hat sie mich mit einer Ausstellung meiner Bilder geehrt, mit der die

Eröffnung ihrer bereits berühmten Galerie gefeiert wurde. Riko Mizuno hat auch meine Liebesbriefe nicht übersetzen müssen, erstens deshalb, weil Hoki besser Englisch kann als Riko-San und zweitens, weil die festgehaltenen Gedanken so eindeutig waren, daß sogar »ein japanisches Starlet« sie auch auf türkisch und kisuaheli verstehen würde. Ich dagegen mußte mir Hoki-Sans Briefe übersetzen lassen, da meine Japanischkenntnisse gleich Null sind. Das war jedoch kein Problem, da ich in all der Zeit nur anderthalb Briefe von Hoki-San erhalten habe. Was mir zur Zeit echtes Kopfzerbrechen bereitet, ist die Übersetzung von Lady Nogis Unterweisungsbrief an ihre Nichte. In diesem schönen Schriftstück aus der Meiji-Zeit habe ich eine Menge Redewendungen entdeckt, die heute in Japan nicht mehr in Gebrauch sind.

Falls sich irgend jemand wundert, weshalb mich Lady Nogis Gefühle über das angemessene Verhalten einer Ehefrau beschäftigen, dann soll er wissen, daß ich ihre Worte als ein Rezept für eine glückliche Ehe ansehe. Wenn mir die Übersetzung zusagt, werde ich sie mit meiner schönsten Handschrift abschreiben, rahmen lassen und über mein Bett hängen. Wenn der Freudentag kommt, an dem ich nochmals heirate, dann kann ich zu meiner Braut sagen: »Bitte, lies das sorgfältig und befolge es.«

Es erübrigt sich, hinzufügen, daß neben all den anderen Gründen, die Hoki-San bewogen haben mögen, einen alten Ziegenbock wie Henry Miller nicht zu heiraten, die oben erwähnten Verhaltensregeln ihr endgültig den Wind aus den Segeln genommen hatten.

Auch wenn es so aussieht, als sei die »Romanze« beendet, so hat sie in Wirklichkeit erst begonnen. Zumindest, was mich betrifft. Der Grund: ich bin Steinbock — und die Zeit ist immer auf unserer Seite. Wie jeder weiß, ist das Symbol dieses Zeichens eine Bergziege, sagen wir eine Gemse, die ganz langsam zum Gipfel hochklettert und den Weg genießt.

Man könnte es auch so ausdrücken: das Bild eines Mannes, der mit beiden Beinen auf der Erde steht und mit Engelsflügeln ausgestattet ist, die im Wind flattern. Mit anderen Worten, ein Wesen, das nach oben strebt, doch nie den Kontakt zur Wirklichkeit verliert. Er wird sein Ziel erreichen, auch wenn es tausend Jahre dauert. Und bin ich, obwohl noch nicht irdisch tot, in die zweite Runde gegangen, und bete, daß ich in meinem nächsten Leben vierzig Jahre jünger bin, wenn ich der Geliebten begegne, daß ich attraktiver, verführerischer, vielleicht weniger intelligent, weniger talentiert bin, es mir aber nicht an *Jo* und *Iro* fehlt.

Obwohl der alte Ziegenbock abgewiesen wurde, und das mit Recht, hat er, obwohl er vorerst aus dem Rennen ausgeschieden ist, immer noch das Privileg, die Verlorene zu sehen, ab und zu ihre Hand zu halten, ihr Blumen und Telegramme zu schicken, wenn ihm danach zumute ist und so weiter. Kurzum, all die kleinen Artigkeiten, die zeigen, daß der Schaden nicht irreparabel ist. Der *Tonogo* lebt immer noch in der Welt seines *Okugata,* ist immer noch von jenem altmodischen *Cho-ai* erfüllt, das seinem Alter entspricht. Eine Romanze beginnt, eine andere endet, doch die Liebe hört nie auf.

Henry Miller

3. Juli 1967

Liebe Hoki-San,

ich weiß, Du hältst mich für verrückt, weil ich Kawabata-San einen solchen Brief geschrieben habe, aber so bin ich halt und kann mich nicht ändern. Ich schicke Dir die Kopie des Briefes nicht, um Dich mit meiner grenzenlosen Liebe zu beeindrucken. Schließlich wissen wir ja, um Rikos Worte zu gebrauchen, daß Hoki 'nen Dreck darauf gibt (ich weiß, daß Hoki es *doch* tut, auch wenn sie etwas anderes behauptet). Wie Dir Riko wohl erzählt hat, erhielt ich heute die japanische Wochenzeitschrift mit einem Artikel, den Dein Schwager verfaßt hat. Ich sehe ein Foto von Deinem Vater, der gut aussieht und ein hübsches von Dir, als Du noch jünger warst. Ich habe die Seiten für Dich aufbewahrt.
Herzliche Grüße an Fumiko, die wirklich eine reizende Person ist. Wie Shakespeare sagte: »Ende gut, alles gut.« (Was auch immer das heißen soll!)
Je t'embrasse

Henry-San

3. Juli 1967

KOPIE AN HOKI-SAN

Lieber Mr. Kawabata, lieber Atsu-San:

Erst heute morgen gelang es mir, das ganze Band, das Sie für mich von Ihrer Übersetzung aufgenommen haben, anzuhören. Ich möchte Ihnen danken, daß Sie sich meinetwegen so viel Mühe gemacht haben. Sie sollen auch wissen, daß ich Ihnen nichts nachtrage. Offensichtlich hat Ihr Versuch, dem Klatsch über Hoki und mich ein Ende zu bereiten, nichts genutzt. Noch mehr Artikel erscheinen in japanischen Zeitschriften. Natürlich versuchen die japanischen Journalisten, dieses schlüpfrige Material auszuschlachten. Sie sind nicht schlimmer als die anderen Journalisten auf der ganzen Welt. Ich fange an, das Ganze als großen Spaß zu betrachten und frage mich, wie weit und wie lange er noch gehen wird.
Wie Sie ja wissen, waren Hoki und Riko enttäuscht. Ich glaube, Ihr Fehler war, daß Sie sich bei Hokis Bekannten nach ihr erkundigten. Wenn Sie Ihren Artikel auf Ihr Interview mit mir beschränkt hätten, wäre alles glimpflicher abgelaufen. Ich kann nicht verstehen, welchen Sinn es hatte, Hokis Gagen zu schildern, meines Erachtens sowieso übertrieben. Es stimmt nicht, daß Hoki mich gebeten hat, ihr den Jaguar zu kaufen; ich habe ihn ja auch nicht gekauft! Hoki hat mich nie um Geld gebeten, im Gegenteil: Sie hat mir alle möglichen Geschenke gemacht. Und ich habe sie ebenfalls beschenkt. Es kränkt sie, wenn man sie als »shicho« (?) bezeichnet. Und was noch schlimmer ist: Sie behaupten, Riko habe meine Briefe übersetzen müssen, weil sie nicht genügend Englisch könne. Es ist gerade umgekehrt — Riko kann weniger Englisch als Hoki.

Ich habe versucht zu verstehen, was Sie sagen wollten über mein »Riko die Galerie schenken«, was ich natürlich nicht getan habe. Riko hätte nie ein solches Geschenk von mir angenommen. Meine Auslagen für die Eröffnung der Galerie waren ganz normal. Jeder Künstler, der seine Arbeiten ausstellt, muß diese Kosten bezahlen. Ich wußte, Riko besaß das Geld nicht und bot an, ihr auszuhelfen. Doch sie besteht darauf, das Geld zurückzuzahlen. (Ich weiß, daß die Japaner nie um einen Gefallen bitten, auf keinen Fall einen Ausländer, selbst wenn er ein Freund ist. Ich glaube, sie sind in dieser Hinsicht noch zurückhaltender als die meisten anderen Völker.) Das Seltsame an all diesen Artikeln über Hoki und mich ist dies — die Japaner machen Hoki nieder, eine Landsmännin. Weshalb? Sie tun so, als täte ich ihnen leid, ich, der große Schriftsteller. Sie stellen es so dar, als hätte ich eine Japanerin gewählt, die meiner Liebe unwürdig ist. In gewisser Weise ist das ja sehr schmeichelhaft, ich meine, dieser Wunsch, mir zu Hilfe zu kommen. Aber es ist unnötig. Ich bin mit offenen Augen in diese Romanze hineingegangen. Wie ich Ihnen schon geschrieben hatte, hat Hoki mich vor sich gewarnt. Sie hat versucht, mir klarzumachen, daß ich ihr nicht Eigenschaften zuschreiben solle, die sie nicht besitze, nicht Dinge von ihr erwarten solle, die sie nicht geben könne. Ich glaube nicht, daß ein »shicho-Girl« so gehandelt hätte. Kurzum: Sie hat mir nichts versprochen. Doch genug davon... Weshalb, frage ich Sie, konnte kein japanischer Journalist die positive Seite dieser Romanze erkennen? Es gibt auf dieser Welt so wenig echte Liebe — weshalb also nicht darüber reden? Darüber, was die Liebe für einen Mann und eine Frau sein kann. Die Liebe hält die Welt in Bewegung, wie es so schön heißt. Ohne Liebe gibt es kein Leben. Und wer weiß das wohl besser als der Japaner, dem die Liebe eingepflanzt ist wie eine zarte Blume.

Ich mußte lächeln, als Sie vermuteten, ich hätte die japanischen Ausdrücke, die ich in den Insomnia-Gemälden verwende, von japanischen Freunden gelernt. Dem ist nicht so!

Ich entnahm sie einem Buch mit dem Titel »The Cradle of Erotica«. Es behandelt die Sexpraktiken der Japaner, Chinesen, Hindus, Araber und Afrikaner. Auch das Zitat: »Wenn Du den Liebestempel betrittst, zieh Deine Schuhe aus« stammt nicht von mir. Ich glaube, ich habe es von Victor Hugo übernommen, ebenso das über »die Schlachthäuser der Liebe« (= Bordelle). Und Sie haben die Pointe von »chin-chin« nicht erkannt. Wir sagen das oft, wenn wir uns zuprosten. In Ihrer Sprache bedeutet das »Schwanz«, der vulgäre Ausdruck für Penis. Ich habe das erst erfahren, als ich eines Abends im Imperial Gardens einem japanischen Freund chin-chin zuprostete — und alle schallend lachten.

Und dann zu meinen Tischtennis-Einladungen am Mittwochabend . . . Sie sagen, ich habe Straßenmädchen mit ihren Freunden dazu eingeladen — *und Geschiedene!* Ha, ha! Ho, ho! Es stimmt, ich bitte keine »Intellektuellen« zu diesen Abenden. Ich spiele Tischtennis, weil ich es leid bin, bei mir zu Hause Gespräche über Kunst und Literatur zu hören. Aber ich lade nicht jeden zum Tischtennis ein. Wenn ich überhaupt eine Auswahl treffe, dann versuche ich, hübsche Mädchen (oder Frauen) und gute Spieler einzuladen, basta. Ich möchte mich amüsieren, sonst nichts.

Ich habe mich auch über das mexikanische Mädchen gewundert, das Sie erwähnten. Habe *ich* Ihnen diese Geschichte erzählt? In dem Artikel stand, daß ich keine Erektion bekommen konnte (»mara«); auf dem Tonband stellen Sie es so dar (zumindest kommt es mir so vor), als sei ich noch zu sehr in Hoki verliebt gewesen, um mit einer anderen Frau schlafen zu können. Das werde ich Ihnen erklären. Falls es um die Mexikanerin geht, von der ich Ihnen erzählt habe, so habe ich deshalb nicht mit ihr schlafen können, weil sie zu jung war und nicht wußte oder wissen wollte, wie sie sich in acht nehmen sollte. Ich kann aber durchaus mit einer Frau (über achtzehn) schlafen und Hoki trotzdem lieben. Ich finde das fast »japanisch«, Sie nicht? Oder, um es anders auszudrücken: Hoki-San hat mich nicht kastriert (psychologisch). Sie würde das auch nicht wollen.

Ich bin nicht von Haus aus mißtrauisch. Tatsächlich bin ich, wie Sie richtig vermutet haben, ziemlich naiv, fast »unschuldig«. Ich glaube nicht, daß Sie irgend jemanden kränken wollten. Ich glaube, Sie versuchten, aufrichtig zu sein, zu helfen. Vor kurzem habe ich ein Buch gelesen, das Sie wahrscheinlich kennen — »The Chrysanthemum and the World« von Ruth Benedict. Als ich dieses Buch las, wurde mir klar, wie schrecklich wenig ich über die Japaner weiß, über ihre Einstellung, ihre Denkweise. Wenn ich mich nun über Ihre Worte kritisch zu äußern scheine, vergessen Sie es bitte. Betrachten Sie mich als westlichen Ignoranten, der Japan und alles, was damit zusammenhängt, liebt, aber nie das tiefe Geheimnis dieses Landes erfassen wird.

Noch ein letztes . . . Ich war ziemlich berührt von dieser »Scheintrauung«, die Sie beschrieben, und die mir etwas ungenau vorkam. Ich glaube, nur Riko, Hoki und ich waren anwesend. Ich glaube nicht, daß die Zeremonie in einem Restaurant stattgefunden hat. Tatsächlich habe ich viel von dem vergessen, was wirklich passiert ist; ich hatte die Situation von vornherein so aufgebauscht, daß ich, als es tatsächlich passierte, wie unter einem Schock stand. Sie gebrauchten den Begriff »Schein« für Hokis Tränen. Sie als Japaner hätten doch am besten verstehen müssen, daß sie kaum anders hätten reagieren können. Ich glaube, Sie übersehen dabei Hokis wahre Gefühle. Sie werden sie nie erfahren, ich auch nicht, vielleicht nie-

mand, nicht einmal ihre intimste Freundin. Hoki ist ganz anders, als man denkt. Sie ist sogar sich selbst ein Rätsel! Vielleicht lachen Sie darüber und denken, hier spricht der romantische, naive, kindliche Henry Miller. Aber ich sage die Wahrheit und spreche aus Erfahrung. Gerade weil ich Hoki-San so gut kenne, liebe und respektiere ich sie und kann ihr alles verzeihen — wenn sie dessen bedarf!
Mein lieber Atsu-San, ich bin nicht zu bremsen, und Sie müssen mir verzeihen, wenn ich Ihre Zeit so in Anspruch nehme. Ich habe jetzt meinen zweiten Gin-Tonic vor mir, und meine Zunge löst sich. Ich bitte Sie, alles, was ich Ihnen geschrieben habe, vertraulich zu behandeln — und ich weiß, ich kann Ihnen vertrauen. Bitte, gönnen Sie mir noch ein paar Minuten. Ich habe keinen japanischen Freund, dem ich mich anvertrauen kann oder würde. Wie ich Ihnen bereits in einem anderen Brief geschrieben habe, bin ich trotz meiner losen Worte ein scheuer Mensch.
Glauben Sie mir, die Liebesgeschichte mit Hoki ist nicht zu Ende. Vielleicht für Hoki, aber nicht für mich. Ich liebe sie immer noch, aber ich habe aufgehört, sie mit meiner Liebe zu belästigen. Ich weiß so gut wie sie, daß diese Liebe hoffnungslos ist. Ich nähere mich dem Grab, und sie ist ein junges Mädchen, hat noch das Leben vor sich. Ich bin nicht mehr gekränkt oder verletzt oder verbittert, weil ich abgewiesen wurde. Ich spüre nur eine große Leere in meinem Leben, weil sie mein Leben nicht mit mir teilen kann. Vielleicht würde sie mich unglücklich machen, wenn sie mit mir leben würde. Vielleicht würde ich sie schließlich hassen, wenn wir zusammenlebten. Doch das hat nichts mit meiner Liebe zu tun. Nicht Hoki kränkt mich, sondern diese Liebe, die zu groß ist für mein kleines Herz. Ich bin ein freier Mann, ich kann tun, was ich will, lieben, wen ich will und so weiter. Aber das ist kein Ersatz für die Abwesenheit der einen, die ich liebe. Nennen Sie mich naiv,

wenn Sie wollen, aber ich glaube, daß Hoki mich liebt — auf ihre Art. Ich bin noch nicht bereit, mir das Leben zu nehmen und werde es wahrscheinlich nie tun, obwohl ich es mehrere Male versucht habe. Wenn Sie die Wahrheit wissen wollen — ich würde jetzt gern sterben, doch es ist mir noch nicht bestimmt zu sterben.
Ich bin dazu bestimmt, lange zu leben — zumindest sieht es so aus —, und dieser Gedanke macht mich nicht glücklich. Ich habe in diesem Leben praktisch alles gehabt, was ich wollte. Wenn ich zurückblicke, stelle ich fest, daß Freud und Leid gleich verteilt waren. Aber ohne Liebe zu leben, ist unerträglich. Wenn ich die Einstellung eines Samurai hätte, würde ich mich jetzt töten. Doch ich bin kein Samurai, sondern nur »ein Brooklyn-Boy«, wie ich immer sage. Auch wenn Sie anderer Meinung sein mögen, für mich symbolisiert Hoki Japan. Sie ist keine Lady Nogi, ist aber für mich trotzdem eine Okugata. Zu schade, daß ich kein Tonogo bin! Und nun habe ich wohl genug geschrieben. Bitte, betrachten Sie mich als Ihren Freund, und wenn Sie wieder über Hoki und mich schreiben, dann bitte poetischer, unglaublicher, schöner!

Herzlich
H. M.

18. Juli 1967

Liebe Hoki-San,

es tut mir so leid, Dir sagen zu müssen, daß ich Dir in der Angelegenheit mit dem Haus nicht helfen kann. Ein sehr lieber alter

Freund, der in großer Not ist, hat mich um Hilfe gebeten, und ich kann sie ihm nicht verweigern. Und ich habe im Augenblick sonst kein Bargeld. Ich hoffe, Du verzeihst mir.

Herzlich
Henry-San

Cuando merda tiver valor nasce sem cu*

Anmerkung des Herausgebers: Die letzte Zeile ist ein portugiesisches Zitat, das auf Henrys Briefpapier aufgedruckt war. Es lautet: »Wenn Scheiße einen Wert hat, werden die Armen ohne Hintern geboren.«

14. August 1967

Liebe Hoki-San,

wie fühlst Du Dich heute? Bist Du immer noch unglücklich?
Ich habe gerade die Bleistiftzeichnung, die Du von mir gemacht hast, gerahmt bekommen. Du wirst überrascht sein, wenn Du sie siehst. Wenn Du Dich zum Essen an meinen Tisch setzt, wirst Du sie sehen.
Ich habe Deiner reizenden Freundin Izuni gegenüber ein schlechtes Gewissen, weil ich mich nicht mehr um sie gekümmert habe, aber Du hast ja selbst erlebt, was für ein Trubel an dem Tag bei mir herrschte.
Die Fotos, die Nancy Golden gestern von Dir brachte, gefallen mir nicht. Das Licht ist zu grell, wird Dir nicht gerecht. »Aishite ru!«*

Gerechtigkeit! Wann werden Deine Landsleute Dir Gerechtigkeit widerfahren lassen? Sie behandeln Dich fast genauso schlecht wie Pierre Loti seine Madame Chrysanthemum (Kikou). Oder sie ihn — wie man's nimmt. Aber dieser ganze Blödsinn wird eines Tages eine andere Wende nehmen. Deine Zeit wird kommen, hoffentlich, bevor Du eine alte Dame bist.

Weißt du, daß Du noch entzückender aussiehst, wenn Du ein wenig weinst? Die Mascara färbt die Tränen schwarz, ein interessanter Effekt. Aber Du darfst nicht zu heftig weinen, sonst wird die Wirkung zerstört!

Eine der seltsamsten Stellen in Ikedas Geschichte war das fantastische Märchen von Deinem Traum, der auf der Toilette endete. Wenn er sich das ausgedacht hat, ist er ein Surrealist!

Dabei fällt mir die Erzählung »Lady of Beauty« von Kikou Yamata ein, in der die schöne Heldin ihrem Geliebten, in einer hübschen Emaildose verpackt, ihre frische *Caca* schickt — als Zeichen ihrer Zuneigung. Das ist wohl noch surrealistischer, oder?

Das chinesische Aphrodisiakum hatte keine Wirkung auf mich. Vielleicht muß ich es in großen Dosen einnehmen, oder vielleicht werde ich ganz einfach impotent. Wenn dem so wäre, würde das eine Menge Probleme lösen, *non*?

Ich muß jetzt schließen — das Essen wartet. Vielleicht sehe ich Dich noch vor dem Wochenende zum Essen.

Schlaf gut — und erzähl niemandem Deine Träume!

Grüße an Puko-San und Dir eine herzliche Umarmung.

Henry-San

* Ewige Liebe

P. S.: Nochmals herzlichen Dank für das aparte Briefpapier und das Mobile! Hast *Du* die parfümierte Seife in mein Badezimmer gelegt?

KOPIE FÜR HOKI-SAN

18. August 1967

Lieber Mr. Tokuda,

ich möchte mich noch einmal herzlich für Ihre freundliche Einladung bedanken. Es tut mir leid, daß ich erst heute dazu komme, Ihnen zu antworten, aber wegen der Vorbereitungen für meinen Europatrip geht bei mir alles drunter und drüber.
Ich kann sehr gut verstehen, daß Mr. Takayama zeitlich disponieren und sich so gut wie möglich über meine Ausstellungen und alles andere informieren möchte. Bitte lassen Sie Mr. Takayama wissen, daß ich über seine Aufrichtigkeit und Großherzigkeit sehr gerührt bin. Er muß ein sehr ungewöhnlicher Mensch sein.
Doch nun möchte ich versuchen, Ihnen meinen Standpunkt darzulegen.
Je älter ich werde, desto mehr widerstrebt es mir, im voraus zu planen, an morgen zu denken, oder an gestern. Ich tue mein bestes, das Leben Tag für Tag zu leben, wie wir in Englisch sagen. Das ist eher eine Folge meiner philosophischen Bemühungen als meines Naturells. Mein ganzes Leben lang bin ich ein sehr aktiver Mensch gewesen, vielleicht allzu aktiv. Alles, was ich vom Leben erwartete, war die Freiheit, das zu schreiben, was ich zu sagen hatte — und das in völliger Freiheit. Es ist ein langer, harter Kampf gewesen, und ich glaube, man kann sagen, ich habe ihn gewonnen. Aber um welchen Preis! Als Folge meines Werkes, meines Ruhms oder Erfolgs, wie auch immer man es nennen mag, versucht die Welt, mich in Dinge zu verwickeln, die mich nicht mehr berühren. In den letzten zehn Jahren mußte ich Tag für Tag darum kämpfen, ein paar

Stunden für mich selbst herauszuschinden. Die Folge von all dem ist, daß ich immer weniger kreativ bin, mich der Welt auf Gedeih und Verdeih ausgeliefert fühle. Da mir nur noch wenig Zeit auf dieser Welt bleibt, können Sie wohl verstehen, wie verzweifelt ich manchmal bin. Ich habe schon erwogen, mich an einen stillen Ort zurückzuziehen, wo ich in Frieden leben kann und nur das tue, was ich will — doch wo gibt es diesen Ort? Vor Jahren wollte ich nach Tibet oder Nepal oder einen abgelegenen Ort in Indien verschwinden, aber heute bringe ich es nicht mehr über mich, an einen so exotischen Ort zu ziehen. Ich brauche einen gewissen Komfort und ärztliche Betreuung. Außerdem möchte ich meinen Sohn nicht allein lassen, falls er eingezogen wird.

Das alles erzähle ich Ihnen, damit Sie verstehen, weshalb ich mich für das nächste Frühjahr nicht festlegen möchte. Vielleicht bin ich bis dahin schon tot. Oder ich will woanders hinfahren. Oder ich ziehe es vor, hier zu bleiben und *»autour de ma chambre«* zu reisen. Wahrscheinlich hätte ich auch den Europatrip abgesagt, aber ich muß die Reise machen, sonst kränke ich meinen Freund ganz fürchterlich, der die Reise (und die Ausstellungen) organisiert hat. Ich muß nach Paris, Uppsala und Stockholm fahren — und sei es im Rollstuhl. Ich habe mich dazu verpflichtet, und zu viele Menschen sind davon betroffen. Ich kann sie einfach nicht enttäuschen. Doch um Ihnen die Wahrheit zu gestehen: Ich wünschte, ich wäre schon wieder zurück, säße an meinem Arbeitstisch und könnte in Ruhe Aquarelle malen.

Bitte, richten Sie Mr. Takayama folgendes aus:

1. Ich werde bis zum letzten Moment nicht wissen, wie viele Bilder zur Verfügung stehen, möchte mich auch nicht mit den Preisen, den Bildunterschriften, der Größe und dergleichen festlegen.

Auf die Bildunterschriften verzichte ich inzwischen sowieso, sie sagen nichts aus.

2. Ich habe ungefähr hundert Farbdrucke meiner Bilder verfügbar, meist neueste Arbeiten. Ich hatte über ein Dutzend große Ausstellungen in aller Welt, weiß aber nicht genau, ob ich die Kataloge noch habe.
3. Eigentlich ist es mir egal, *wo* die Ausstellungen stattfinden, ich würde auch eine Gelegenheit in letzter Minute wahrnehmen. Ich nehme meine Bilder nicht *so wichtig.*
4. Mr. Takayama braucht mir keine Kaution zu zahlen, ich vertraue ihm.

Da ich mit dem Buch über Hoki-San noch nicht begonnen habe, sollten wir es vorerst zurückstellen. Es könnte sein, daß mich meine Verträge mit den japanischen Verlegern verpflichten, was mein nächstes Buch betrifft. Doch eigentlich glaube ich das nicht. Ich fange erst dann an, über Hoki zu schreiben, wenn ich in der richtigen Stimmung bin und die Umstände günstig sind. Ich möchte in Ruhe schreiben, ohne Druck. Es soll keine halbherzige Sache werden. Der Himmel allein weiß, wann der richtige Augenblick gekommen sein wird. Ich bete täglich darum.

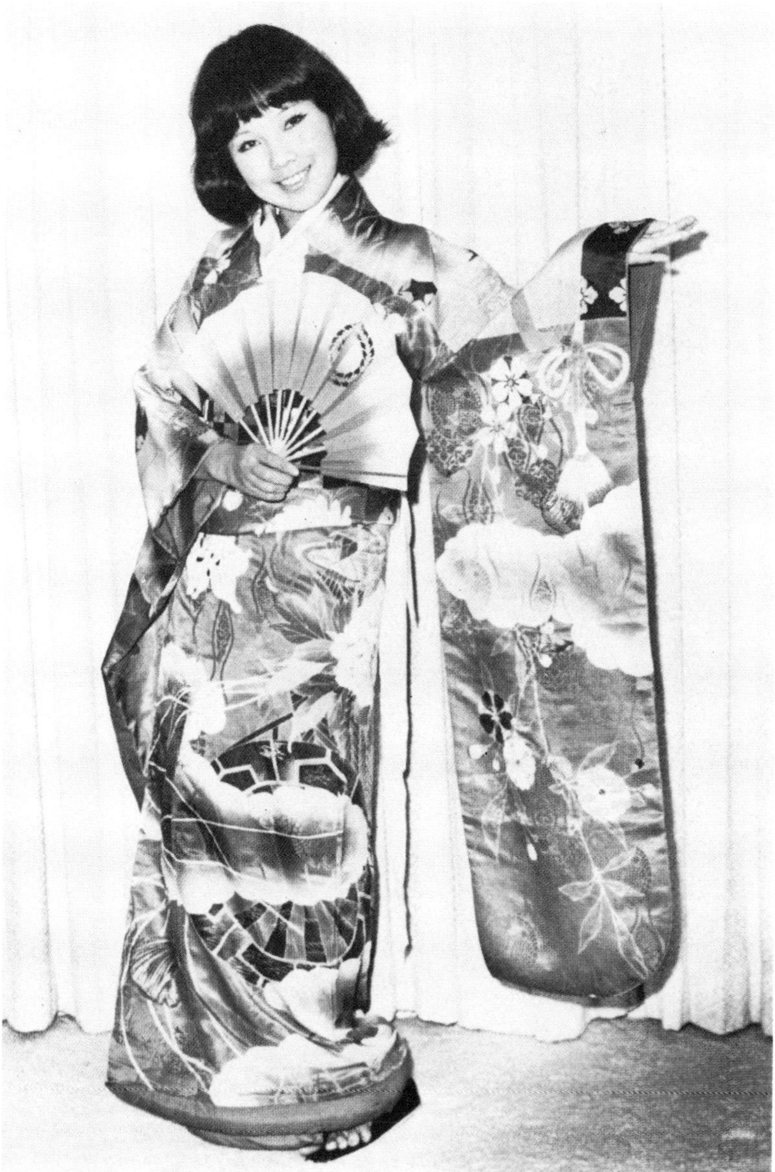

Hoki im Kimono.

Hoki in einem Museum, 1966.

Hoki bei einem Auftritt im Imperial Gardens, 1966.

Henry Miller als Dreijähriger. Die ersten drei Postkarten, die Henry an Hoki schickt, zeigen ihn im Alter von drei Jahren.

Die Hochzeitsfeier in Beverly Hills am 10. September 1967.

Die Millers zuhause, 1968.

Hoki und Henry, 1968.

Henry und Hoki vor dem Friedensrichter.

Hokis Geschenk an Henry, 1968.

Hokis Auftritt im japanischen Fernsehen, 1968.

Nun, ich glaube, ich habe Ihre Zeit genug in Anspruch genommen. Ich hoffe, ich habe mich verständlich ausgedrückt. Sicher haben Sie festgestellt, daß ich nicht leicht zu »handhaben«, ich meine, festzulegen bin. Aber ich hoffe, Sie wissen, daß ich das Herz am rechten Fleck habe, Ihre Bemühungen meinetwegen sehr schätze, ebenso die von Mr. Takayama. Ich fühle mich Ihnen freundschaftlich verbunden, wenn ich mir erlauben darf, das zu sagen.
Seit meinem letzten Brief an Sie habe ich Ihre Tochter ein paarmal gesehen und freue mich, Ihnen sagen zu können, daß Ihre Seele von Tag zu Tag strahlender und klarer wird. Ich glaube nicht, daß sie je richtig glücklich sein wird, aber ist das so wichtig? Das Wichtigste ist doch wohl, daß sie sich selbst findet. Wenn ichihr dabei helfen könnte, hätte ich das Gefühl, ihr damit den größtmöglichen Liebesdienst erwiesen zu haben.
Die besten Wünsche an Sie und Madame Tokuda. Ich werde Ihnen weiterhin von Zeit zu Zeit schreiben.

Mit den herzlichsten Grüßen
Ihr
H. M.

23. August 1967

Liebe Hoki-San,

hier ist der Fünfziger, den ich Dir schulde. Mehr Glück beim nächsten Mal! Wenn Du mal wieder nach Las Vegas fährst, melde Dich bei Carl Cohen, dem Besitzer des »Sand«. Er ist einer meiner Fans, hat mir angeboten, ich könne jederzeit bei ihm wohnen – kostenlos. Ich hatte ihm mal telefonisch angekündigt, ich würde Dich mitbringen – aber das war kurz vor unserer »Entfremdung«. Dies ist kein »raba reta«!

In ein paar Minuten gehe ich mit Omarr, Bricktop (die berühmte Negerin mit roten Haaren) und zwei japanischen Girls zum Dinner. Am Freitagabend bin ich mit Franchot Tone und Ben Gazzara verabredet – vielleicht gehen wir ins Imperial Gardens. Kommst Du an unseren Tisch, wenn Du Zeit hast?

Habe ich richtig verstanden, daß Du mit Deiner Arbeitserlaubnis nur in japanischen und chinesischen Restaurants auftreten darfst? Ist das »absolut« oder könnte ein cleverer Agent oder Anwalt etwas daran ändern, mehr Spielraum schaffen?

Ima watachi-no kimtana achi desu.* (Wie findest Du mein Umgangsjapanisch?)

Henry-San

PS.: Heirate erst, wenn Du Madame Nogis Anweisungen befolgen kannst!

* Ich kriege einen Ständer.

30. August 1967

Liebe Hoki,

habe soeben meinem guten alten Freund Paul Jacobs, der in San Francisco lebt, Deinen Fall dargelegt. Er war jahrelang aktives Mitglied in der Arbeiterbewegung. Kennt alle führenden Politiker, hat einen tollen Job bei der Ford Foundation in Santa Barbara.
Für den Fall, daß ich ganz kurzfristig in die Klinik muß, habe ich ihm Deine Privatnummer gegeben und die vom Grand Star, damit er Dich direkt und schnell erreichen kann. Ich habe ihm alles so gut ich konnte erklärt, und den Brief per Eilpost abgeschickt. Manchmal ist er auf Reisen, doch seine Frau (eine Anwältin) kann ihn jederzeit telefonisch erreichen. Ich schrieb auf den Umschlag, sie soll den Brief öffnen, falls Paul unterwegs ist.
Ich bete, daß es funktioniert. Paul ist ein Energiebündel – und wenn irgend jemand etwas erreichen kann, dann er.
Ich bin jetzt total nervös, da ich Bammel vor der Klinik habe – es widerstrebt mir, die Europareise abblasen zu müssen.
In ein bis zwei Tagen weiß ich mehr.
Heute spreche ich auch noch mit Dr. Siegel über Dich. Konnte ihn gestern abend nicht erreichen.
Gott schütze Dich!

Henry

Teil II

Stationen einer Ehe

Am 10. September 1967 wurden Hoki und Henry in Dr. Lee Siegels Haus in Beverly Hills getraut. In der Woche danach fuhren sie in die Flitterwochen nach Paris, wo zudem eine Ausstellung von Henrys Aquarellen in der Galerie Gervais stattfand. In Paris trafen sie sich mit Henrys langjährigem Freund, dem Autor Lawrence Durrell.

Danach kehrten sie in ihr Haus nach Pacific Palisades zurück.

1968 fuhr Hoki dreimal nach Japan. Die erste Reise Anfang des Jahres war nur kurz und galt ihrem kranken Vater.

Da sich Henry zu der Zeit nicht wohl fühlte, reiste Hoki allein.

Das zweite Mal fuhr sie im April nach Japan, um für eine große Ausstellung von Henrys Gemälden in Tokio und anderen großen Städten zu werben. Hoki und die japanische Öffentlichkeit waren sehr enttäuscht, als Henry die Reise absagte.

Im September galt Hokis Japanbesuch ihrer Karriere. Sie hatte eine Rolle in einem Film, trat in Fernsehshows auf, machte Plattenaufnahmen und Rundfunksendungen. Anfang November kehrte sie nach Amerika zurück.

Oktober 1967
Sonntagnacht

Liebe Hoki-San,

nur ein kleiner Gruß, der Dir sagen soll, daß ich von Tag zu Tag mehr an Dich denke. Ich habe das Gefühl, als sei zwischen uns eine Schranke gefallen. Du erscheinst mir glücklicher, freier als vorher. Fangen wir an, uns besser zu verstehen? Ich merke jetzt, wie dumm und intolerant meine Kritik an Dir war. Ich war immer der Meinung, Du würdest nur an Dich denken, an Deine kleinen egoi-

stischen Vergnügungen. Nun sehe ich alles anders. Ich spüre, daß Du wirklich meine Frau bist, daß Du versuchst, mir zu gefallen, mich glücklich zu machen.
Laß mich nicht zu lange allein, ich brauche Dich.
Schlaf gut! Wollen wir morgen gemeinsam schwimmen?

Dein
Henry-San

Februar 1968
Samstagnachmittag

Das einzig wahre, gültige, wertvolle und wirklich kostbare Geschenk, das Du mir machen kannst, ist Dein entzückendes, geistreiches, lustiges, charmantes, unbekümmertes, verschwenderisches, sorgloses Wesen — Hoki-Sama Sans Souci, sojasaucige, ausgelassene, Sing-doch-und-bleib-ein-bißchen-Hoki Tokuda aus der Tokugawa-Zeit.

Dein Dir ewig treu ergebener, Dich zärtlich
liebender Dummkopf von einem Ehemann
Henry-San

(Nach Japan, Hokis 2. Reise)

13. April 1968

Liebe Hoki-San,

heute morgen habe ich den ersten Brief von Dir erhalten — abgesehen von dem Gruß, den Du George mitgegeben hast. Und ich hatte Dir gerade einen ausführlichen — sehr wichtigen — Brief an Tomokos Adresse geschrieben. Bitte hole ihn gleich ab, er betrifft die Einkommenssteuer. Ich habe inzwischen Mr. Silverman gesagt, er solle die Papiere, die Du unterschreiben mußt, an diese neue Adresse schicken — das Hotel New Japan. Ich nehme doch an, Du meinst damit das Apartment, das Du genommen hast.
Erst jetzt wird mir klar, wie beschäftigt Du bist — wie aufregend für Dich! Die Vernissage muß ja ein Erfolg gewesen sein, wenn 800 Besucher kamen statt der 80, von denen Kubo sprach. Wenn jeder einen Dollar Eintritt zahlen muß, macht doch die Galerie ein gutes Geschäft, auch wenn keine Bilder verkauft werden, nicht wahr? Ich bin wirklich überrascht, daß Mr. Jin die Preise der Gemälde erhöht hat; ich hoffe, er weiß, was er tut. Solche Preise könnte er nirgendwo sonst verlangen, weder in Paris noch hier in L. A., wahrscheinlich nicht einmal in New York. Den Japanern ist die Kunst wohl viel Geld wert. (Ich verstehe das nicht; schließlich verdienen sie sehr wenig. Was meinst Du?)
Ich war ganz gerührt, daß Du bei der Vernissage eine Rede gehalten hast. Arigato gozaimus*, Hoki-San! Und dann die Fernsehauftritte und die Interviews — ich bin überzeugt, ich hätte es nicht besser machen können. Ich mußte lächeln, als ich las, daß Du verwirrt bist und benommen, Dich verloren fühlst wie ein Mädchen vom Lande und dergleichen. Ehrlich! (Vielleicht rostest Du ein bei dem ruhigen Leben in Los Angeles!)

Du schreibst, daß Du zwei Tage in Shizuoka verbracht hast, mit Deinen Eltern nehme ich an. Was macht Dein Bruder — der »Anarchist«? Ich interessiere mich sehr für ihn. Er scheint das interessanteste Mitglied Deiner Familie zu sein, abgesehen von Dir natürlich! Neulich habe ich gelesen, wie sie gegen das amerikanische Hospital in Tokio demonstrierten. Gut so, Banzai! Wenn die Japaner wirklich schlau sind und weitsichtig, arbeiten sie in Zukunft enger mit Rotchina zusammen und nicht mit den USA und Deutschland.
Wir werden in nicht allzu ferner Zukunft aus Asien hinausgedrängt werden. Neulich hörte ich den Vortrag eines großartigen pensionierten amerikanischen Generals, der ganz Asien gut kennt und in Vietnam gedient hat. Er sagte, die Südvietnamesen haßten uns mehr als den Vietcong. Und das kann ich mir gut vorstellen. Du schreibst von den Nachrichten im Fernsehen, den Unruhen in Washington und 84 anderen Städten. L. A. war die einzige Stadt, in der Ruhe herrschte (ein Wunder). Aber bald wird es noch mehr Straßenkämpfe geben. Die Neger werden sich nicht an Martin Luther Kings Politik der Gewaltlosigkeit halten; sie werden immer härter kämpfen.
Wenn sie es sich wirklich in den Kopf setzen, können sie soviel Unruhe schaffen, daß wir unsere Soldaten aus Vietnam abziehen müssen, um den Aufruhr hier niederzuschlagen. (Erzähl das Deinem Bruder.)
Mein gestriger Brief hat vielleicht recht geschäftsmäßig geklungen. Es gab so viel zu berichten, und außerdem war ich gekränkt, weil ich die ganze Zeit nichts von Dir gehört hatte. Du fragst mich, ob ich Dich ein wenig vermisse. Ja und nein. Ja, wenn ich ehrlich sein soll. Nein, weil ich so wenig von Dir habe, wenn Du hier bist, daß für mich eigentlich kein großer Unterschied besteht. Seit Du weg bist, leide ich wegen meines juckenden Zehs wieder an Schlaflosig-

keit. Ich glaube, mein Zeh reagiert auf Deine Abwesenheit. Obwohl ich mir einrede, daß es auf das gleiche hinausläuft, ob Du hier oder in Tokio bist, sagt mir mein Zeh doch etwas anderes. Manchmal habe ich das Gefühl, mit zwei Frauen verheiratet zu sein, ohne auch nur von einer etwas zu haben. Die eine besorgt mir die Wäsche, und die andere massiert mich von Zeit zu Zeit. Dazwischen rennen sie wie kopflose Hühner herum.

Nun, um das Thema zu wechseln ... Das Essen dort ist also gut! Fein! Vielleicht kochst Du (oder Puko, mein Massageweib) mir nach Deiner Rückkehr gelegentlich ein gutes japanisches Essen. Das würde mich freuen. Ich bin es leid, daß Sue zwei- oder dreimal in der Woche für mich kocht — obwohl mir ihr Essen schmeckt. Vor allem brauche ich jetzt meine dritte Frau, die mit mir ins Bett geht. Vielleicht kannst Du mir eine aus Tokio mitbringen?? In der letzten Zeile Deines Briefes schreibst Du, du würdest jede Minute an mich denken, ha, ha! Aber wann hast Du Zeit dafür?

Larry hat mir mehrere Briefe geschrieben, in denen er davon redet, daß Du für ihn singen und spielen sollst (wie versprochen). Mehr darüber im nächsten Brief. Anscheinend hat er mit seinem Agenten über Plattenaufnahmen geredet und meint das alles recht ernst. Glaubst Du ehrlich, Du könntest etwas machen ohne mich — ich meine, ohne daß ich einen Text für Dich schreibe? Gestern abend habe ich Tonys Trommel hervorgeholt und während der Werbespots ziemlich lange getrommelt. Nicht schlecht. Dann habe ich etwas auf dem Klavier herumgeklimpert. Gar nicht so übel, dachte ich. Ich glaube, es gefällt mir einfach, meine Finger zu bewegen, egal was für falsche Töne dabei herauskommen. Es wäre ein Gag, diese Art von Klavierspiel aufzunehmen — bestimmt könnte man einigen Leuten einreden, es sei »experimentelle neue Musik«.

Du hast in Deinem Brief nicht erwähnt, wie viele Bilder bis jetzt

verkauft wurden. Bei den Preisen würde es mich nicht wundern, wenn erst ein Dutzend verkauft worden wären. (Ich kann immer noch nicht glauben, daß 30 schon vor der Eröffnung verkauft wurden.)
Hattest Du schon Gelegenheit, mit Tomoko über eine eventuelle Verfilmung von »The Smile« oder den Dokumentarfilm zu sprechen? Was den letzteren betrifft, so ruht im Augenblick alles, bis ein bißchen Geld aufgetrieben ist. Bob hat ungefähr 9 Stunden Film zusammen und genausoviel Dialog. Aber um das Material zu schneiden, zu synchronisieren und dergleichen braucht er viel Geld. Briefe an potentielle Geldgeber gehen jetzt raus. Mal sehn, was geschieht.
Du schreibst, daß Du einen Monat lang unter dieser Adresse zu erreichen bist. Und danach? Kommst Du dann zurück? Wegen der Einkommenssteuer drängt es nicht, denn, wie ich Dir gestern schrieb, schickt Mr. Silverman Dir drei Bogen, die Du unterschreiben mußt, und damit hat sich's. Bitte schreib mir so bald wie möglich, ob Du diesen und den gestrigen Brief erhalten hast. Beste Grüße an Puko, Tomoko, Deinen Vater und Deinen Bruder. Ich muß jetzt aufhören. Bin sehr hungrig. War gerade im Pool — einfach herrlich! Schreib, so oft Du kannst. Ich bin jetzt wie Tony — ich brauche Briefe. Paß auf, daß Du keinen Deiner alten Verehrer übersiehst. Mach die Nacht zum Tag, amüsier Dich gut und bleib keusch wie eine gute japanische Ehefrau, ja-nein, ha ha, ho ho! Hast Du Deinen Paß auf Deinen neuen Namen umschreiben lassen? Nam myoho renge kyo! Ich möchte, daß Du auf meinen Grabstein gravieren läßt: »Die Tiger des Zorns sind weiser als die Pferde der Unterweisung.« Tschüs für heute und Dewa Mata.

Dein einsamer Henry-San
(Dein Mann, der Dich sehr liebt!)

* Vielen Dank

17. April 1968

Liebe Hoki-San,

ich hoffe, Du hast meine beiden vor kurzem geschriebenen Briefe erhalten. Habe inzwischen nichts mehr von Dir gehört. (Wir haben das ganze Haus auf den Kopf gestellt auf der Suche nach dem Bügeleisen — um bügeln zu können — vermute, Du hast es mitgenommen?)
Bekam neulich einen seltsamen Brief von einer jungen (21 Jahre alt) verheirateten Japanerin, die mir seltene Erotika und Originaldrucke von Hokushi und Utamaro für 5000 Dollar anbot. Ich schrieb ihr, daß ich soviel Geld nicht zur Verfügung habe, schlug ihr aber vor, es bei Kubo oder Jin zu versuchen. Wenn sie diese Stücke wirklich verkaufen will und sie echt sind, wären sie wohl mehr als 5000 Dollar wert. Ich erwähne das nur, weil sie sagte, sie habe im Hotel Otani etwas für Dich zur Ansicht hinterlassen, aber als sie zurückkam, warst Du schon abgereist. Sie heißt MachikoIpposhi, kommt aus Oyama, Tochigi-ken. Sie legte eine Tuschzeichnung bei, die sie selbst von einem der erotischen Drucke gemacht hatte (ich glaube, es war einer von Utamaro). Sehr erotisch — ein Penis wie eine Karotte — und die Position wie auf den meisten japanischen Drucken — d. h. nur ungeheuer gelenkige Akrobaten schaffen das.
Riko war hier und hat mir ein tolles Essen gekocht. Ich gehe zur Eröffnung ihrer Ausstellung am Samstagabend — Sachen von Kienholz, der vor einem Jahr im County Museum einen Skandal ausgelöst hat. Vielleicht kreuzt die Polizei auf!
Heute abend esse ich bei Gerald's mit Joe Gray, der gerade aus Mexico zurückgekehrt ist. Dann sehen wir uns »Bonnie and Clyde« an.

Tony ist jetzt in Fort Sam Houston in San Antonio, Texas, aber ich habe seine neue Postadresse noch nicht. Er kommt Ende Juni für einen Monat zurück, hofft aber, daß er ab und zu am Wochenende nach Hause fliegen kann. Kurz vor seinem Abflug nach Texas haben wir miteinander telefoniert.

Jules Dassin möchte sich morgen mit mir über den »Krebs«-Film unterhalten. Ich werde ihn hierher einladen. Hat Tomoko schon mit jemandem über »The Smile« oder den Dokumentarfilm gesprochen? Hast Du Deine Nerzstola gut verkauft?

Mark Twains Enkel hat mich zum »Ritter« des »Mark-Twain-Ordens« ernannt. Das ist das dritte Mal, daß ich zum Ritter geschlagen wurde — aber ich habe vergessen, wofür die beiden anderen waren. Morgen gehe ich mit Benny und Nonko zum Essen zu George Auld. Hoffentlich treffe ich ein paar Schauspieler dort. Während der Werbespots trommle ich immer wie ein Verrückter. Bob muß mich unbedingt so fotografieren — für den Dokumentarfilm.

Bekam einen Zeitungsausschnitt mit einem reizenden Foto von Dir — Du siehst darauf sehr düster und geheimnisvoll aus, wie Madame X. Weiß noch nicht, wovon er handelt.

Muß jetzt aufhören, habe Besuch. Sei nett zu Dir selbst. Grüße alle zusammen. Ich habe das Japanbild über dem Kamin abgenommen und es Riko gegeben, sie soll es verschenken. (Weil sie gesagt hat, Du könntest es nicht ausstehen — es sei Dir zu vulgär oder etwas Ähnliches). Ho ho!

Tschüs!
Henry

18. April 1968

Liebe Hoki-San,

erhielt gerade von Mr. Jin 40 bis 50 Kataloge und eine Unmenge Posters in allen Größen. Ich weiß nicht, ist das die Reaktion auf meinen ersten Brief an ihn, in dem ich ihn um 50 bat, oder hast Du mit ihm gesprochen und ihn um 100 gebeten, und das ist jetzt die Hälfte der Sendung, oder kann er nur so viele schicken?
Gestern rief mich Tony aus Texas an und gab mir seine neue Adresse: Pvt. H.T.M., die gleiche U.S.-Postleitzahl wie vorher, dann: Company B-2nd Battalion — USMED TC — Class 23S — Fort Sam Houston, San Antonio, Texas (78234). Bitte gib sie Puko.
Erhielt heute morgen einen weiteren Brief von der jungen Frau aus Oyama. Sie schrieb, sie schicke mir das Negativ eines Fotos, das ich entwickeln lassen solle. Habe das Negativ noch nicht gesehen. In meinem gestrigen Brief erzählte ich Dir von ihr und dem Angebot, das sie mir gemacht hatte, gewisse Bücher und Drucke für 5 000 Dollar zu kaufen.
Gestern abend gingen wir in »Bonnie & Clyde«. Der Film war für mich einer schreckliche Enttäuschung. Einer der schlechtesten Filme, die ich je gesehen habe. Er konnte mir kein Lächeln entlocken, geschweige denn ein Lachen. Gerald, Diane und Joe Gray ging es genauso. Am liebsten wäre ich nach den ersten zehn Minuten rausgegangen, es war so langweilig. Wenn ich mir vorstelle, daß dieser Film so gelobt wurde, macht mich das dermaßen wütend, daß ich mir überlege, einen Artikel darüber zu schreiben und ihn an eine Zeitschrift oder eine bekannte Zeitung zu schicken. Bitte schreib mir, ob er in Japan schon gezeigt wurde. Vielleicht schicke ich meinen Artikel auch an eine gute japanische Zeitschrift. Wenn ich einen Molotowcocktail zur Hand gehabt hätte, ich hätte ihn auf die

Leinwand geschleudert. Das Kino war proppenvoll, aber totenstill — keiner hat gelacht. Der einzige Lichtblick war Bonnie, die wahrhaft heiße Hexe, aber ohne Verstand. Zum Glück gab es danach im Fernsehen einen wunderbaren Vortrag über das berühmte »I Ching« oder »Buch der Wandlungen«, von dem Du wahrscheinlich noch nie gehört hast. Und danach machte Joey Bishop Imitationen, die einfach göttlich waren — seine Show feierte ihren einjährigen Erfolg. Das nahm mir den bitteren Geschmack im Mund. Aber als ich heute morgen aufwachte, war ich immer noch stinkwütend auf den Film und jeden, der damit zu tun hat.
Das wär's für heute, in ein paar Minuten treffe ich mich mit Benny und Monko.

Bye-bye!
Henry-San

22. April 1968 (Montag)

Liebe Hoki-San,

Dein Brief kam schnell — innerhalb von 2 Tagen. Du kannst jetzt täglich mit Silvermans Post rechnen. Wenn Du aus Deinem jetzigen Hotel ausziehen willst, dann laß es mich einige Tage im voraus wissen, damit keine Briefe verlorengehen. Die Einkommenssteuererklärung, die Du unterschreiben mußt, ist sehr wichtig. Sowie Du unterschrieben hast, kann ich unterschreiben, und dann bekomme ich meine Rückzahlung ('ne ganz schöne Summe) schneller. Und ich brauche Geld; ich warte immer noch auf meine Jahrestantiemen von meinen großen Verlegern — vielleicht bekomme ich sie nächsten Monat.

Nun zu Kawade und Kubo ... Nachdem wir vor zwei Wochen einen Scheck von ihnen erhielten, haben wir Kawade unmißverständlich klargemacht, daß sie uns die beiden kleinen Originalaquarelle, die ich für Mr. Kawade signiert habe (und von denen sie Lithographien gemacht haben), bezahlen müssen. Und zwar mit 200 Dollar pro Stück. Du schreibst, ich hätte sie Kawade »gewidmet«. Wenn Du damit meinst, daß ich sie signiert habe (für Mr. Kawade), dann ja. Aber ich habe sie ihm nicht geschenkt. Sie haben alles bezahlt, mit Ausnahme der 300 Dollar, die ich bekomme, wenn ich die Lithographien signiere. Ich warte darauf, daß mir Mr. Kubo seine Lithographien zum Signieren schickt. Es war sehr nett von ihm, daß er Dir 1000 Dollar in Yen gezahlt hat. Das war die vereinbarte Summe für die Lithographie, zusätzlich schuldet er mir 400 Dollar für die beiden kleinen Originalaquarelle, die er haben wollte. Sonst nichts, wenn ich mich recht erinnere. Bitte, mach ihm das klar. Und bitte, gib die Yen, die er Dir gegeben hat, nicht aus. Kannst Du Yen gegen Dollar tauschen und mir einen Scheck auf eine amerikanische Bank oder per American Express schicken? Ich bin sicher, es gibt eine Lösung. Meine japanischen Verleger schicken Hoffmann in Paris in Franc ausgestellte Schecks — man kann doch bestimmt mit Dollar genauso verfahren.

Ich bin freudig überrascht über die vielen Besucher, die die Ausstellung in Tokio besucht und dafür Eintritt gezahlt haben — da kommt ganz schön was zusammen. Aber ich glaube nicht, daß zwischen der Zahl der verkauften Gemälde und der Zahl der Besucher ein Zusammenhang besteht. Das erinnert mich wieder an Paris — viele Menschen, aber wenig Verkäufe. Und ich verstehe nicht, weshalb die Galerie den Eintrittspreis um 20 % erhöht hat, zusätzlich zu Mr. Jins Preiserhöhung um 200 Dollar für jede Bildkategorie. Damit schneiden sie sich doch ins eigene Fleisch. Du schreibst, sie wollten jetzt in anderen Städten den Preis senken. Nun ja, ich vermute, das ist sehr japanisch, aber ein seltsames Geschäftsgebaren. Etwas zu clever, zu gierig, zu penetrant ...

Ja, der Preis für die Radierungen kann auf 150 oder 125 Dollar pro Exemplar gesenkt werden, wenn Mr. Jin es wünscht. Aber es gibt nur noch die paar, die er hat, und sie werden in ein paar Jahren viel mehr wert sein, weil von ihnen keine Drucke mehr gemacht werden können. Ich glaube nicht, daß mehr als 50 oder 75 von jeder dieser Radierungen gemacht wurden; man kann sie nicht produzieren wie Lithographien: die Druckplatte ist nur begrenzt verwendbar. Von meinen Platten (die in Berlin sind) können keine Drucke mehr gemacht werden. So soll Mr. Jin nach eigenem Gutdünken handeln, was den Verkaufspreis betrifft. (Wenn er sie dort nicht verkaufen kann, versuche ich es hier oder in Schweden, wo der Mann, der meine erste Ausstellung in Uppsala veranstaltet hat, in einer anderen Stadt eine zweite plant. Er möchte alle Gemälde und Zeichnungen von mir, derer er habhaft werden kann. Aber er bekommt sie von der Westwood Art Assoc., der ich viele Gemälde geschenkt habe).

(Um noch einmal auf die 20%ige Preiserhöhung der Isetan-Galerie zurückzukommen: Sie verlangen von Mr. Jin 20 % für die Benutzung der Galerie. Wenn sie jetzt 20 % auf die Gemälde aufschlagen, dann bedeutet das doch, daß sie 40 % Gewinn machen und nicht, wie ursprünglich vorgesehen, 20 %. Sehe ich das richtig?)

Deinem Brief entnehme ich, daß Du schon in Kyushu gewesen bist und jetzt wohl in Osaka steckst. Du wolltest einen Tag nach Fukuoka fahren (gestern) — ich vermute, das ist in Kyushu, oder? Bist

Du jetzt wieder in Tokio? Fährst Du noch in andere Städte, oder was? Ich warte auf Deinen nächsten Brief, den Du mir heute, am 22., schreiben willst!!!!! Ehrlich gesagt, hast Du mir wenig geschrieben. Wenn ich daran denke, welche Berge von Post Du in Europa abgeschickt hast, ganz zu schweigen von den vielen Briefen, die Du schreibst, wenn Du hier bist. Dein Englisch ist ganz passabel, und wenn Du Fehler machst, stört mich das nicht. Viele Briefe mit Fehlern sind mir lieber als wenige mit perfekter Orthographie. Ich kann mir nicht vorstellen, daß die Arbeit für mich und Mr. Jin Dir keine Zeit zum Schreiben läßt.
Der Jaguar ist so gut wie möglich repariert worden, mit Ausnahme des Kühlerschutzgitters, das wegen der Art des Metalls sehr schwer auszubeulen ist. Und die Tür hat noch immer einen großen Kratzer. Das Fahrwerk war stark verzogen, wurde aber wieder justiert. Die Reparatur kostete bis jetzt 190 Dollar. Du mußt einen bösen Unfall damit gehabt haben — oder wer sonst den Wagen gelenkt hat. Kobuko hatte auch einen kleinen Unfall mit ihrem Volkswagen; nichts Ernstes — nur Blutergüsse am Knie und am Kinn. Sie ist fest davon überzeugt, daß sie ihre Fahrprüfung besteht — aber die Knüppelschaltung irritiert sie. Ich sah sie vor ein paar Tagen, vielmehr Abenden. Sie wußte nicht, daß Du es bist. (Dabei fällt mir ein, daß ich Deine Karte aus dem Flugzeug erst vor zwei Tagen bekommen habe!!!) Bitte, vergiß nicht: Wenn Du mir etwas Wichtiges schreibst oder mir einen Scheck schickst, mußt Du den Brief per Einschreiben aufgeben.
Val kommt in ein bis zwei Wochen mit einer Freundin, sie will ungefähr eine Woche bis zehn Tage bleiben. Ich gebe ihr Tonys Zimmer. Tony bekam keinen Kurzurlaub, wie er gehofft hatte, sondern wurde direkt nach Fort Sam Houston, Texas, geschickt, wo er bis zum 21. oder 27. Juni bleiben muß. Er darf in der Zwischenzeit

nicht nach Hause. Joe Gray hat in San Antonio einen guten Freund, der alle wichtigen Politiker kennt und die Generäle des Stützpunktes, und er will versuchen zu erreichen, daß Tony in Amerika bleiben kann und nicht nach Vietnam geschickt wird. Als ich Dir Tonys neue Adresse gegeben habe, habe ich etwas vergessen, was ich hiermit nachholen möchte: Schreib unter »Class 238« »Bld. 1231« (für Puko). Tony rief mich aus Texas an. Er findet es dort viel besser und leichter; er kann abends in Zivil ausgehen und schien mir viel glücklicher.

So, was gibt's noch? Oh ja, gestern nacht habe ich mir bis drei Uhr morgens einen langen Film angesehen: »A Majority of One« (1961) mit Alec Guinness und Rosalind Russell. Er handelte von einer jüdischen Witwe und einem japanischen Millionär — eine schöne Liebesromanze. Sie gefiel mir sehr; und ich war überrascht, wie gut Rosalind Russell die Jüdin gespielt hat. Ich werde ihr schreiben, und ihr zu ihrer guten Darstellung gratulieren. Auch Alec Guinness gefiel mir, wie er einen reichen japanischen Geschäftsmann spielte, aber ich bin nicht qualifiziert genug, um zu beurteilen, ob es eine gute Interpretation war oder nicht. Die Geschichte als solche war unmöglich — aber wunderbar gespielt. Ich warte gespannt auf Deine Nachricht, ob »Bonnie & Clyde« schon in Japan gezeigt wurde oder erst anlaufen wird, denn ich bin immer noch wütend über diesen Film und würde den Japanern gerne sagen, was ich als Amerikaner davon halte. Ich kann Warren Beatty, der den Clyde spielte, nicht ausstehen, mir tut nur leid, daß Shirley MacLaine seine Schwester ist. Vielleicht ist er bloß ihr Halbbruder??? Er ist so ganz anders als sie.

Ich erhielt einen seltsamen Brief von Mr. Koga, dem jungen Mann, den Du so verachtest und von dem Du behauptest, er beherrsche nicht einmal seine Muttersprache. Er schrieb, er würde nie wieder

»in meine Intimsphäre eindringen«. Ich kann das nur so deuten, daß er versucht hat, mit Dir Kontakt aufzunehmen, und abgewiesen wurde — oder etwas Ähnliches. Mr. Ueno dagegen sagte, Koga würde sich nicht erdreisten, in Tokio aufzutauchen oder Dich zu belästigen, hofft aber, die Ausstellung zu sehen, wenn sie in seiner Nähe gezeigt wird — er lebt in Ichinoseki. Vielleicht kannst Du Dich erinnern? Ah ja, diese junge Frau aus Oyama hat wieder geschrieben, dieses Mal auf japanisch. Sie hatte gehört, ich hätte einen Japanisch-Lehrer namens Funiko. Ich warte auf Michiyo, die mir den Brief übersetzen soll. Sie sandte mir einen Film, den ich zum Entwickeln bringen werde. Das sind wahrscheinlich Fotos von den erotischen Drucken, die sie mir andrehen möchte. Sie glaubt, ich sei ein Sexbesessener, hätte deshalb diese Drucke gerne und würde jeden Preis dafür zahlen. Natürlich ist sie auf dem Holzweg — in jeder Hinsicht. Ich frage mich, ob sie Dir wieder geschrieben hat? Sie erwähnt ein sehr spezielles, ungewöhnliches Erotikon — das Higa- oder Higo-Buch —, kennst Du es?
Ich bin froh, daß Mr. Jin noch mehr Kataloge schickt. Ich kann sie gut brauchen. Bis jetzt hat er mir ungefähr 60 geschickt. Jeder, der den Katalog in Händen hält, findet ihn ungewöhnlich, überirdisch, wunderschön etc. Ich habe einen an die TIME und einen an das LIFE MAGAZINE gesandt.
Heute nachmittag kommt der Produzent meines Stückes zu mir. Er ist jetzt in der Lage, das Stück auf die Bühne zu bringen — im Anschluß an Ray Bradburys Stück, das anscheinend nicht so ankam. Und Jules Dassin werde ich auch bald sehen — er mußte unerwartet nach Cleveland, deshalb die Verzögerung. Wie steht's mit Tomoko und meinem »Smile« und dem Dokumentarfilm? Irgendwas Neues?
Was ist mit Puko? Du schreibst kein Wort über sie.

Diese Woche möchte ich mir einen französischen Film mit dem Titel »The Battle of Algiers« ansehen. Gerald hat mich darauf aufmerksam gemacht; er hat gesagt, darin kommen wunderschöne Aufnahmen von Tokio vor. Gestern abend ging ich mit Nany und ihren Eltern zu einem Bauchtanz in ein arabisches Lokal namens »Fez« (Vermont) in der Nähe des Sunset — vielleicht kennst Du es? Vorher aßen wir in einem indischen Restaurant. Das Taj Mahal, so hieß es, ist ein sehr interessantes kleines, gemütliches Lokal.
War am Samstag auf Kokos Vernissage der Kienholz-Ausstellung. Viele Besucher, aber ich glaube nicht, daß etwas verkauft wird. Kienholz selbst gefiel mir sehr, doch seine Arbeit finde ich nicht so besonders. Heute abend wollen wir uns bei mir einen kurzen Dokumentarfilm über Big Sur ansehen, den zwei Freunde von mir dort gedreht haben. Sie möchten gerne einen Film machen, der auf meinem Buch »Big Sur and the Oranges of Hieronymus Bosch« basiert. Sie sind schwul. Aber reizend. Ich muß es mir durch den Kopf gehen lassen. Ich habe den Wunsch und die Hoffnung noch nicht aufgegeben, daß irgendeine japanische Filmgesellschaft eines meiner Bücher verfilmt. Das wär's für heute! Uff! Mein Besucher kommt in zehn Minuten. Laß es Dir gut ergehen, schreib häufiger, schreib etwas Persönliches, etwas Sinnvolles, etwas von Herzen — falls Dir das möglich ist.

Henry-San

PS. Steve kommt bald nach Japan — er wird dort ein halbes Jahr geschäftlich zu tun haben. Ich habe ihm Deine Adresse gegeben.

Auch mein Freund Bill Webb und seine Frau werden Dich besuchen — sie sind vor ein bis zwei Tagen in Japan gelandet.

23. April 1968

Liebe Hoki-San-Sama-Sensei-Sekretärin ohne Grenzen und außerordentliche Omanko, ich grüße Dich!

Ich hoffe, Du kannst den an Shinco-sha beigefügten Brief entziffern. Wenn sie es wirklich ernst meinen, nehmen sie Kontakt mit Dir auf. Ich fand es besser, sie zu bitten, Dich aufzusuchen und mit Dir zu reden, als daß Du zu ihnen gehst. Es ist alles sehr kompliziert, aber Du hast ja ein helles Köpfchen und eine edle Seele, und was mir wie ein Dschungel erscheint, sind vielleicht für Dich nur sanft plätschernde Wellen in einem Planschbecken. Hoffen wir es!
Heute morgen habe ich Dir schon geschrieben, wegen der Einkommenssteuer — inzwischen müßtest Du ja Silvermans Brief bekommen haben.
Weißt Du, was Mr. Jin mir für die Kataloge berechnet? Ich schätze ungefähr einen Dollar. Wenn es nicht zwei oder drei sind, dann bitte ihn, mir weitere fünfzig zu schicken — das wären dann fünfzig mehr als die hundert, die ich bestellt hatte. Die Nachfrage nach diesen Katalogen ist groß. Übrigens, zu welchem Preis verkauft er sie in Japan? Werden sie im Rahmen der Ausstellung verkauft, oder sind sie für die Besucher, die Eintritt zahlen, kostenlos?
Ich glaube, daß Isetan ein ganz gutes Geschäft gemacht hat, wenn er auch kein Bild verkauft hat. In Deinem Brief stand, 15 000 Besucher hätten 50 Cent pro Kopf Eintritt bezahlt. Das sind ungefähr

7500 Dollar. Ein ganz schöner Batzen! Darüber hinaus haben sie 20 % am Verkauf verdient und 20 % auf die Gemälde aufgeschlagen. Das sind gerissene Geschäftsleute! Dagegen sind wir Amerikaner ja Waisenknaben.
Übrigens, hast Du Mr. Tanaka aus Kamakura gehört oder gesehen? Das würde mich sehr interessieren.
Heute abend muß ich Miss T'ang bei den Untertiteln zu ihrem chinesischen Film helfen.
Gestern traf ich Mr. Bushnell, der mein Stück auf die Bühne bringen möchte (Harry). Er will ein paar Szenen auf Video aufnehmen, um sie potentiellen Geldgebern vorzuführen. Er braucht insgesamt nur 32 000 Dollar für die Aufführung. Ray Bradburys Stück war ein Flop — hat sich nur fünf Wochen gehalten —, für ihn ein finanzieller Verlust. Aber er setzt große Hoffnungen auf mein Stück. Er hat eine Annonce in die Zeitung gesetzt, um die Besetzung zusammenzustellen, und bekam über 300 Zuschriften von Schauspielern, die eine Rolle in dem Stück spielen möchten. Nicht schlecht! Wenn die Zuschauer so begeistert sind wie die Möchtegern-Schauspieler, wird das Stück ein Erfolg. Ich glaube nicht, daß es vor Juni oder Juli Premiere hat. Wenn es ein Erfolg wird, will er es in ein Off-Broadway-Theater bringen. Aber vielleicht ist das nur ein Wunschtraum.
Bob Snyder hat uns einen Neo-Dada-Film eines Amerikaners gezeigt (vor kurzem gedreht) und dazu den ersten Dalí-Buñuel-Film »Der andalusische Hund«. Ich fand sie beide lausig. Und der Film über Big Sur war zwar recht poetisch, aber ohne Pfiff. (Wurde von zwei Schwulen gemacht, vielleicht erklärt das einiges. Kein Pfeffer!) Bin den ganzen Tag herumgerannt — ohne Pause — und immer noch nicht fähig, mich hinzusetzen und über Bonnie & Clyde zu schreiben — aber ich werde es machen. Bitte, vergiß nicht, bitte

sehr, meine Schöne, mir zu schreiben, ob der Film schon in Tokio gezeigt wurde oder demnächst anlaufen wird. Ich würde meinen Artikel gern an eines der guten japanischen Kulturmagazine schikken . . . Habe gestern abend um 18 Uhr versucht, Dich anzurufen, aber die Leitungen nach Tokio waren blockiert. Wir haben zur Zeit einen Telefonstreik — das mag wohl der Grund sein. Allmählich geht es mir wieder besser — hatte zehn Tage lang eine Art Darmgrippe.

Das wär's für heute. Sei fleißig, arbeite Dir die Seele aus dem Leib, wie man so schön sagt. In den Pausen schreib mir, wie es Dir geht, wie Du aussiehst, wie Du fühlst.

Tschüs
(Henry-San)

PS.: Ist Shinajaku wirklich das üble Viertel — die Unterwelt — von Tokio?

26. April 1968

Liebe Hoki-San, Du Gefeierte und Schöne — Sela!

In den letzten fünf Tagen wieder kein Brief von Dir (obwohl Du es versprochen hattest!). Inzwischen habe ich Dir mehrere Briefe geschrieben, und bin jetzt richtig ungeduldig, Antworten auf meine vielen Fragen zu bekommen.

1. Hast Du die unterschriebene Einkommenssteuererklärung, die Silverman Dir geschickt hat, an mich zurückgeschickt? Ist äußerst wichtig.

2. Weißt Du, was Mr. Jin mir für die Kataloge berechnet? Und hast Du ihm gesagt, er soll mir weitere 50 schicken (zusätzlich zu den 100)?
3. Hat er den Preis für die 19 Gemälde, die in der Isetan-Galerie verkauft wurden, um jeweils 200 Dollar heraufgesetzt, zusätzlich zu den 20 %, die die Galerie vorgeschlagen hatte?
4. Schicken mir Kawade und Kubo bald ihre Lithographien, damit ich sie signieren kann?
5. Wann kann mein Album mit Aquarellen (»Dreams from Near and Far«) verkauft werden?
6. Wie lange hast du vor, noch in Japan zu bleiben? Und wie lange wohnst Du noch im New Japan Hotel?
7. Hat Dir das Hotel ausgerichtet, daß ich zweimal angerufen habe? In Wirklichkeit habe ich drei- oder viermal angerufen, kam aber nicht durch, oder Du warst nicht da.
8. Kommt Puko mit Dir zurück, und will sie immer noch als »Mädchen« für mich arbeiten? Dies könnte einige Probleme aufwerfen, da ich die Behörden über jeden neuen Angestellten informieren und Gehalt zahlen muß (auch wenn Puko es nicht will). Zudem muß ich Lohnsteuer für sie bezahlen — ziemlich kompliziert. Könnte sie nicht jemand anderen finden, der diese Verantwortung auf sich nimmt?
9. Besteht der Hauch einer Chance, daß Tomoko einen Produzenten für »The Smile« oder den Dokumentarfilm findet?
10. Läßt Du es mich wissen, wenn Shincho-sha auf meinen Brief reagiert und sich bei Dir meldet? (Kopie habe ich Dir geschickt.)

Du hast heute vom Arbeitsamt einen Scheck über 65 Dollar bekommen. Soll ich ihn bei Deiner Bank »Security First« einreichen? Dein Bankauszug ist auch gekommen, 161 Dollar Guthaben. Connie schrieb Dir gestern wegen Deiner Haftpflichtversicherung fürs Auto. Soll ich die Rechnung mit einem Scheck von Deiner Bank zahlen, oder was?

Diese Woche war ich mehr als beschäftigt. Ich sitze wie auf Kohlen. Gestern abend habe ich 80 Seiten Dialog für den Film der Chinesin durchgeackert und ihr bei den englischen Untertiteln geholfen.

Heute rief Omarr an und erzählte mir von einer Millionärin, die Bob Snyder helfen möchte, Geldgeber für den Dokumentarfilm zu finden. Am Dienstagabend sind wir mit ihr zum Dinner verabredet. Sie ist in den Vierzigern, recht häuslich und auf Männersuche. Wenn ich Bob überreden könnte, mit ihr ins Bett zu gehen, hätten wir eine Chance.

Der Mann, der »Order & Chaos« veröffentlichte (dieses wunderschöne Buch), möchte jetzt »The Insomnia Series« herausgeben, als Luxusausgabe. Nächste Woche fange ich an, den Text zu schreiben. Es wird ein verrückter Text werden, das steht fest.

Vorgestern abend war ich zum Essen bei Gimpels. War ein reizender Abend. Zubin Mehta war da, und dieses Mal kamen wir gut klar. Ich konnte ihn dazu bewegen, seine Haare offen zu tragen und wie ein menschliches Wesen auszusehen. Es wirkte Wunder . . . Könnte Dir noch viel erzählen, habe aber jetzt keine Zeit. Alors, dewa mata von Deinem Dai Sensei und verlassenen Mann.

Henry-San

PS.: Irgend jemand schickte mir einen japanischen Zeitungsausschnitt mit einem Interview mit Dir. (Du sahst sehr geheimnisvoll aus — einfach schön!) Aber übersetzt heißt das: »Du vermißt mich nicht . . .«

27. April 1968 (Mitternacht)

Liebe Hoki-San, Nachfahrin der Samurai — was ist los?

Immer noch kein Brief von Dir. Ich fange an, mich zu fragen, ob meine Briefe verlorengegangen sind. Den letzten habe ich gestern als Eilbrief abgeschickt. In meinem letzten Brief habe ich eine Frage vergessen. Nr. 11 — Willst Du *diese Operation,* von der Du gesprochen hast, machen lassen? Wenn Du Dich dazu durchgerungen hast, dann erkundige Dich genau, ob sie Dich womöglich noch männlicher macht, als Du schon bist. Andererseits ändert diese Operation Deine Einstellung zum Sex vielleicht zum Besseren. Joe Gray bat mich, Dich zu fragen, ob Du ihm (aber nur, wenn es Dir nicht zu viele Umstände bereitet und Du es für ihn auslegen könntest) eine kleine Kamera mit eingebautem Entfernungsmesser mitbringen könntest. Sie kostet etwa 35 bis 50 Dollar.
Sah heute im Fernsehen die »Friedens«-Schlägereien (in Tokio). Diese Geukurea(?)-Studenten sind großartig. Aber eure Polizei ist noch schlimmer als die unsere. Ich hoffe, Dein Bruder wurde nicht verletzt. (Hast Du ihm die Schreibmaschine gegeben?)
Ich bin erstaunt, daß Du Mr. Jin zwei der Aquarelle zum Verkauf gegeben hast. Ich dachte, *Du* wolltest sie Deinen Freunden verkaufen. (Hast Du Deinem Vater seines gegeben?).
Ich versuche, die schlechte Angewohnheit, spät zu Bett zu gehen und spät aufzustehen, abzulegen. Ich habe so viel zu tun — kann es mir nicht leisten, jeden Tag bis Mittag zu schlafen. Heute kam eine japanische Zeitschrift mit etwa fünf Seiten Fotos von der Ausstellung. Auf einer Aufnahme warst Du mit Puko in der Galerie. Jin schreibt, er schicke mir Kritiken und Fotos. Ich bin sehr gespannt, *was die Kritiker zu sagen haben.*

Wenn ich bis Montag keinen Brief von Dir bekommen habe, schreibe ich Dir nicht mehr. Ich kann ja nicht dauernd gegen eine Wand anschreiben. Wenn Du glaubst, ich habe mich an diese Schweige-Behandlung gewöhnt, dann irrst Du Dich. Es macht mich nicht nur wütend, sondern erweckt in mir auch den Argwohn, Du könntest nur den bequemen Ehemann in mir sehen. Ich frage mich, was Deine Interviewer denken würden, wenn Du ihnen unseren Ehealltag schildern würdest, wie wir ihn gemeinsam — oder eher getrennt — erleben. Wie ich gelesen habe, schilderst Du unsere Ehe als Himmel voller Geigen. Ist sie das wirklich? Hast Du Dir schon mal überlegt, ob ich vielleicht aus anderen Gründen als denen, die ich Dir nannte, *nicht* mit Dir nach Japan gefahren bin? Versuch mal zu raten. Ich habe Dir einmal gesagt, und meinte das auch so, daß Du ein paar wirklich edle Eigenschaften hast. Aber Du hast auch sehr kindische, egoistische Züge. Das paßt nicht gut zusammen. Du solltest Dein Glück nicht herausfordern. Oder, um es in der Pokersprache auszudrücken: Du solltest nicht überreizen. Geduld sollte geschätzt und nicht mißbraucht werden. Allmählich verliere ich die Geduld. Es liegt an Dir, sie wieder aufzubauen. Wie, das brauche ich Dir wohl nicht zu sagen. Und das wär's für heute abend!

Dein
Henry-San

Montag, den 29. April

Liebe Hoki-San, Königin der Azoren und Liebling aus Shizuoka,

Bon Jour! Bekam gerade Deinen Brief vom 26., den Du in Shizuoka aufgegeben hast. Endlich! Gestern ist ein weiterer Eilbrief an Dich ins Hotel New Japan abgegangen — ich habe alle Briefe dorthin geschickt, mit Ausnahme des ersten, der an Tomokos Adresse ging. Du hast Deinen Brief wohl am 25. oder 24. geschrieben. Ich habe festgestellt, daß Silverman Dir die Papiere erst am 22. geschickt hat — inzwischen solltest Du sie haben, falls Du wieder in Tokio bist. Ich hoffe, Du erhältst diesen Brief, bevor Du nach Osaka abreist. *Und was kommt nach Osaka?* Kehrst Du wieder für Wochen ins Hotel New Japan zurück, oder was?
Ich habe mich sehr über den Brief von Dir gefreut, besonders über die letzte Zeile — »ich vermisse Dich«. Das wollte ich hören. Ich hoffe, es stimmt. Ich werde wieder versuchen, Dich im Hotel New Japan anzurufen. Du schreibst, sie finden Dich, auch wenn Du irgendwo anders bist. Ich hoffe es. Ich würde Dich auch bei Deinen Eltern anrufen, wenn ich annehmen könnte, daß Du Dich noch dort ausruhst.
Danke für die Information, wo das Bügeleisen ist und Tonys Sachen. Anscheinend beantwortest Du Briefe, die Wochen alt sind. Ich habe mindestens fünf- oder sechsmal geschrieben, seit ich nach diesen Dingen gefragt habe. Ob Du die Briefe wohl alle bekommen hast? Wenn ich lese, was Du ausgegeben hast, wird mir klar, daß Du Geld brauchst. Ich vermute, Du hast das Geld ausgegeben, das Mr. Kubo Dir gab, oder? Das wäre die einfachste Methode. Immer, wenn ich Dir gesagt habe, daß Tokio teuer sei, warst Du wütend auf mich. Du hast mich ausgelacht und gesagt, Du kennst Dein Tokio und weißt, wie man dort billig leben kann. *Aber nun weißt Du es besser.*

Ich bin überrascht, daß weder Kawade noch Shincho-sha angeboten haben, einen Teil Deiner Ausgaben zu übernehmen. Ich schrieb Dir über Shincho-sha — sandte Dir eine Kopie meines Briefes an sie. Haben sie je mit Dir Kontakt aufgenommen?
Der Eilbrief, den ich gestern abend an Dich aufgegeben habe, ist in einem Ton geschrieben, der Dir vielleicht nicht behagt. Aber ich konnte nicht anders. Jeden Tag und manchmal bei Nacht hielt ich nach einem Brief von Dir Ausschau, aber keiner kam. Ich sagte mir, sie kann doch nicht so viel zu tun haben mit der Arbeit für mich! Sie ist einfach unterwegs, macht sich eine schöne Zeit, und es ist ihr egal, ob sie mir schreibt oder nicht — sie weiß ja, Henry-San ist geduldig. Du fragst, ob mir ein langer Brief oder mehrere kürzere lieber wären. (Ha, ha!) Ich will *beides*! Oder besser gesagt, ich hätte gern beides. Was ich gerne hätte und was ich bekomme, sind zweierlei Stiefel. So überlasse ich es Dir. Laß mich sehen, was Dir Dein Herz sagt. Jedenfalls tun mir manche Sätze leid, die ich Dir in meinem letzten Brief geschrieben habe.
Meine liebe Hoki, es ist lieb von Dir, daß Du mir schreibst, Du wolltest eines Tages für mich sorgen. Du weißt, ich erwarte das nicht von Dir, es sei denn, ich werde ein hoffnungsloser Invalide. Ich rede vom Geld, weil ich zur Zeit nicht soviel verdiene wie sonst und meine Außenstände nur sehr langsam eintröpfeln. Jeden Tag muß ich ans Geld denken, wie ich es bekommen kann, wem ich deswegen schreiben muß und so weiter. Das macht mich verrückt. Ich hasse es, mir über Geld Gedanken zu machen. Ein paar Tantiemen sind eingegangen, aber viel steht noch aus. Aber wenn ich die Rückzahlung von der Einkommenssteuer bekomme und die Ausstellung in Japan ein echter Erfolg wird, ist alles okay. Von meinem Stück erhoffe ich mir keinen großen Geldsegen — Theaterproduktionen bringen nie viel ein, es sei denn, sie werden zum Broadway-

Hit. Nun, das Stück wird nicht vor Juni oder Juli auf die Bühne kommen. Von Jules Dassin habe ich noch nichts gehört, aber das ist nur eine Frage der Zeit. Noch ein letzes Wort über Geld . . . Die Reichen sagen immer: Nicht was man verdient, schafft Reichtum, sondern was man spart. Man kann ein Vermögen verdienen und es zum Fenster hinauswerfen. Ich habe über hunderttausend Dollar zum Fenster hinausgeworfen, wie ich Dir bereits erzählt habe. Ich habe damit Leuten geholfen, die es meiner Ansicht nach brauchten und mir zurückzahlen würden. Ich weiß jetzt, daß ich dieses Geld nie wiedersehe. Die Leute borgen sich ungeniert Geld und vergessen es dann. Ich hasse es, »nein« zu sagen, aber ich fange langsam an, es zu lernen. Übrigens hoffe ich, eine Frau zu finden, die täglich für mich kocht, zumindest das Abendessen, das Haus in Schuß hält und die Wäsche macht. Angeblich müßte es möglich sein, jemanden für 50 Dollar pro Woche zu bekommen (!). Aber das wäre jemand, der im Haus wohnt, und das möchte ich nicht. Aber selbst wenn ich mehr zahlte, wäre es immer noch billiger als jetzt — ich zahle für die Reinigung, die Wäsche und Sue. Also sehe ich mich um.

Ich freue mich sehr, daß Du vielleicht in einem Film auftrittst. Und wie nett von Dir, daß Du Dir wünschst, er möge in Amerika gezeigt werden — damit ich Dich spielen sehen kann. Ja, das würde mir gefallen! Und dann die 14 Songs für die LP. Hört sich großartig an. Ja, ich will versuchen, einen Song für Dich zu schreiben, aber ich kann es nicht versprechen. Das ist etwas Neues für mich, und ich weiß nicht, ob ich das Talent dazu habe. Übrigens habe ich Dir Durrells Briefe wegen der Plattenaufnahmen nicht geschickt. Er scheint es sehr ernst zu meinen, und hat einen guten Agenten. Vor kurzem traf ich einen jungen Mann, der hier für Liberty Records arbeitet; er möchte mit mir Sprechplatten aufnehmen. Ich glaube,

ich könnte ihn überreden, auch von Deinem Gesang Aufnahmen zu machen. Ich habe ihn durch George Auld, Bennys Freund, kennengelernt, den Saxophonspieler, erinnerst Du Dich? Ich werde mich auf jeden Fall wegen Mr. Okuda umhören. Ich bringe ihn mit Bob Snyder zusammen und will sehen, was er wegen des Dokumentarfilms ausrichten kann. Hört sich interessant an. Morgen abend essen wir mit dieser Millionärin, die uns vielleicht hilft, Geld für den Film aufzutreiben.
Noch etwas... Die Loujon Press in Arizona, die das schöne Buch über Hans Heichel herausgebracht hat, möchte »The Insomnia Series« veröffentlichen. Das soll noch besser als das Heichel-Buch werden. Sie versuchen jetzt jemanden zu finden, der es finanziert. Ich werde bald anfangen, den Text zu den Aquarellen zu schreiben. Und da kommt Hoki Tokuda, die Sirene von Imperial Gardens und Chinatown, auf den Plan. Wenn es mir nicht gelingen sollte, einen Song *für* Dich zu schreiben, dann werde ich bestimmt etwas *über* Dich schreiben... Auf die eine oder andere Art wirst Du in den nächsten Jahren berühmt werden... bevor Du vierzig bist!
Ich habe Dir erzählt, daß ich diesem verrückten Mädchen mit den Erotika mitgeteilt habe, ich sei nicht interessiert. Sie hat wieder geschrieben und Fotos von einigen Drucken beigelegt (sehr schlechte Fotos). Aber ich werde nicht antworten. Solltest Du etwas haben, das ihr gehört, dann schick es ihr bitte zurück. Sie könnte sonst Ärger machen. Sieht so aus, als sei sie geldgierig.
Noch etwas... Ich habe Dir doch die Sache mit Kawade erklärt. *Ich warte immer noch auf ihre Lithographien, um sie zu signieren.* Weshalb hast Du sie nicht auch Mr. Okuda gegeben? Ich hoffe, Du hast Dich mit Mr. Kubo geeinigt. Nichts liegt mir ferner, als ihn schlecht zu behandeln... Nun, das ist alles für heute. Ich versuche Dich wieder telefonisch zu erreichen. Schreibe mir ein paar Zeilen

oder ein paar Seiten, *aber schreib!* Wenn wir im Englischen sagen wollen, ich vermisse Dich sehr, dann sagen wir »ich vermisse Dich wie die Sünde«. Genauso vermisse ich Dich. Laß mich wissen, wann Du zurückkommen wirst.

Dein Henry-San

PS. Vor kurzem traf ich mich zweimal mit Mr. Kaper, dem Filmkomponisten. Ich glaube, Du hast ihn mal bei Dr. Sheinkoff kennengelernt. Er ist ein wunderbarer Mann, und ich werde ihn demnächst zum Essen und Tischtennisspielen einladen (er ist ein guter Spieler). Er kann bestimmt bei der Komposition der Musik zu Texten gute Tips geben und uns bei der Veröffentlichung helfen. Er hat selbst eine Reihe Hits geschrieben und ist ein alter Freund von Mr. Gimpel. Das ist einfach so 'ne Idee von mir.
Ja, ich versuche, einen Liedertext zu schreiben.
Wir sind jeden Tag so irrsinnig fleißig. Zum Glück bin ich nicht so eine Nachteule wie Du.
Gib gut auf Dich acht. Komm nicht überanstrengt zurück. Jin sandte mir eine Farbfoto von der Galerie. Absolut phantastisch. Du siehst so zart und zerbrechlich aus — wie eine kleine Rose in einem Unkrautgarten. Ich bin froh, daß ich nicht dabei war, um das Band durchzuschneiden und eine Rede zu halten. Alle sehen schrecklich ernsthaft aus!
Grüße Deinen Bruder von mir. Hurra für die *Zengakuren* (?) oder wie immer sie sich nennen. Die Polizisten sehen wie babylonische Krieger aus mit ihren mächtigen Schilden. Phantastisch! Nieder mit der Polizei! »Wir wollen Okinawa! *Banzai!*«

3. Mai 1968

Liebe Hoki-San, Santa Maria, Santissima — Hai!

Habe gerade die Papiere für Silverman bekommen — danke Dir. Deine Post aus Tokio ist immer nur zwei Tage unterwegs. Das geht schneller als von Frankreich oder Italien oder sonstwoher... Aha, den Japanern gefällt »Bonnie & Clyde« — schade. Ich habe immer noch nicht die Zeit gefunden, einen Artikel über den Film zu schreiben. Wird aber bald nachgeholt. Ich schicke Dir eine Kopie, damit Du den Artikel, wenn Du Lust hast, an eine japanische Zeitschrift oder Zeitung weitergeben kannst. Ich will mir den Film kein zweites Mal ansehen, weil ich Angst habe, ich könnte etwas Positives darin finden.

Gerade sind Val und eine Freundin aus Aspen gekommen. Sie wollen ein paar Tage bleiben. Heute abend kocht Riko für uns. Tony hat Glück gehabt, dank Joe Gray, der einen wichtigen Mann in San Antonio kennt. Er ist jetzt in der Schreibstube und für fünf Monate sicher, wenn nicht noch länger. Er fragt immer nach Puko. Sie könnte ihm ein hübsches Foto von sich schicken — er hätte seine Freude daran. Hoffentlich verliebt er sich nicht in sie — wäre schlimm für ihn, schließlich ist er noch so jung und kein potentieller Ehemann. Wenn sie gern miteinander ins Bett gehen, okay. Ich möchte nicht, daß sie ihm das Herz bricht, verstehst Du, was ich meine?

Ich lege einen Brief bei, den ich gerade von einem japanischen Mädchen erhalten habe. Vielleicht kannst Du Kontakt mit ihr aufnehmen; ich möchte ihr nicht schreiben, da sie, wie Du siehst, für Mr. Jin arbeitet. Sie hat mir zwei Fotos von sich geschickt — sieht recht gut aus. Ein großes Mädchen. Tu, was Du für richtig hältst. Aber ich möchte nicht ihr »Pate« sein!

Mr. Okuda hat mich noch nicht angerufen. Ich denke über Deinen Vorschlag nach — habe ich ein Buch für einen japanischen Filmproduzenten? Ich stelle eine Liste der Bücher zusammen, die in Frage kämen. Meist sind es eher »Fragmente« als ganze Bücher. Für den Film sind manchmal kurze Texte besser als ein ganzes Buch, oder? Die Franzosen und Dänen wollen die Filmrechte für »Stille Tage in Clichy« (wurde von Shinryu-sha und nicht Shinchosha auf japanisch herausgegeben). Hast Du es je gelesen? Bis jetzt habe ich noch nichts unterschrieben, weil sie erotische Szenen spektakulär und schockierend machen wollen etc. Aber ich finde, ein Kapitel dieses Buches würde einen guten Film geben — das Kapitel über die Prostituierte Mara-Marignan. Lies es, und überleg's Dir — und wenn Du meiner Meinung bist, zeig es Tomoko. Natürlich müßte es noch ausgearbeitet werden, aber jeder gute Drehbuchautor kann das besorgen.
Schade, daß Tomoko nichts wegen »The Smile« ausrichten konnte. Ich finde, diese Geschichte würde sich gut für die Japaner eignen, da sie universell ist, nicht ortsgebunden, und Japaner mit Fantasie umgehen können. Ich habe noch andere Vorschläge parat. Später.
Hier habe ich noch etwas für Tomoko, wenn ich sie damit belasten darf. Es geht um meine Oper, die auf »The Smile« basiert. Japans Oper hat einen guten Ruf, sie gilt als fantasievoll, experimentell etc. »Meine« Oper hat nichts Italienisches: sie ist dramatisch, mit unkonventioneller Musik, hat Bartok, Schönberg und ähnliche Komponisten zum Vorbild. Sie hat ein Ballett für die Zirkusszene, die den Höhepunkt bildet, und ein großes Orchester, glaube ich. Sie ist über zwei Jahre lang mit großem Erfolg in Deutschland (auf deutsch) aufgeführt worden und vor kurzem in Italien (Triest) und in Frankreich (Marseille). Die Kritiker haben sich überschlagen.

Auch der Opernchef der Oper von San Francisco war interessiert; er wollte jedoch Änderungen in der Instrumentierung vornehmen, die mein Freund, der Komponist, ablehnte. Ich gebe Dir jetzt den Namen des Komponisten und des Herausgebers der Partitur. Komponist und Librettist: Antonio Bibalo, Goen-Ostre Halsen (von Larvik), Norwegen. Herausgeber: Wilhelm Hansen Musik Forlag, Gothersgade 9—11, Kopenhagen, Dänemark. Der Ansprechpartner dort ist: Fru Hanne Willuh Hansen, Direktor.

Wenn Interesse besteht, kann ich meine Begegnung mit Bibalo in Dänemark (mehrere Male) schildern, seinen Aufenthalt im Hospital in Kopenhagen, wo ein Klavier in sein Zimmer gestellt wurde, wie er sich in eine Schwester verliebte und rausflog, seine frühen Abenteuer als Soldat (er kämpfte für drei verschiedene Länder) etc. etc. Eine lange Geschichte. Er hat Preise für Klavierstücke, Concerti etc. bekommen, schreibt gerade eine Oper über Macbeth, hat Aufträge für Symphonien und anderes. Ich habe ihn ungefähr drei Jahre lang unterstützt — bis es ihm vor kurzem gelang, auf eigenen Füßen zu stehen . . . Ich sandte Mr. Jin Material zu dieser Oper; er wird es wohl noch haben. Bitte frag ihn danach.

Weißt Du, seit ich mir täglich mehrmals »Nam myoho renge kyo« vorsage, läßt mich das Glück nicht mehr los. Ich weiß noch, wie Du mich ausgelacht hast (als ob ich nicht mehr ganz richtig im Kopf wäre), als ich Dir erzählte, daß ich diese Zauberformel benutzen wollte. Wenn ich mich recht erinnere, sagtest Du, daß in Japan jeder diesen Satz kenne und er nichts anderes bedeutet als unser »Gesundheit«, wenn jemand geniest hat. Habe ich recht? Macht es vielleicht einen Unterschied, *wie* es jemand sagt — ich meine, wenn jemand es ganz ernst sagt, daran glaubt und nicht um einen kleinen Gefallen bittet? Was meinst Du? Ich weiß, Du bist bei allem, was Religion angeht, sehr skeptisch, die geborene Zweiflerin und etwas

zynisch, geistigen Dingen gegenüber. Aber sag mir mehr über diese Worte, bitte. Und ob Du findest, ich sei ein verdammter Narr oder senil! Wie Du weißt, tu ich viel, was andere lächerlich oder abergläubisch finden. Ich bin der geborene Gläubige und ein »Tor« im besten Sinne des Wortes, ein Tor wie Parzival.
Wenn ich diese Worte ausspreche, denke ich meistens an einen anderen, jemanden, dem ich Glück wünsche. Zum Beispiel spreche ich sie speziell für *Dich* und für *Dich-und-mich,* wenn Du verstehst, was ich meine.
Heute bekam ich noch mehr Kataloge von Mr. Jin — alle, um die ich ihn gebeten hatte. Wenn er später noch mehr erübrigen kann, nehme ich so viel, wie er mir schicken kann. Ich weiß immer noch nicht, was er dafür verlangt, ich hoffe, nicht viel mehr als einen Dollar pro Stück. Du wirst ja jetzt wohl wieder in Tokio sein. Wie war es in Osaka? Hast Du noch mehr Reden gehalten und bist Du im Fernsehen aufgetreten? Bill Webb schickte mir eine Postkarte. Er wollte Dich sehen, schaffte es aber nicht. Er schwärmt von Japan — sagt, »es ist noch schöner, als ich es mir vorgestellt habe«. Er glaubt einen japanischen Verleger für die (erweiterte) Neuausgabe von »To Paint is to Love Again« gefunden zu haben.
Bin froh, daß Puko die Situation mit ihrem norwegischen Liebhaber im Griff hat. Schade, daß Du Deinen verrückten Bruder nicht sehen möchtest. Übrigens, kannst Du mir sagen, wo dieser Vibrator steckt, den ich Dir gegeben habe? Ich möchte ihn ausprobieren. Wenn Du wieder hier bist, probiere ich ihn an Dir aus. Wie gefällt Dir das? Mit Vergnügen lese ich, daß Du »die ganze Zeit« an mich denkst. Wenn ich mal tot bin, wirst Du mich noch mehr vermissen, und dann ist es zu spät. Ich muß jetzt aufhören, wenn ich heute noch etwas arbeiten soll. Ich lese gerade die Fahnen eines »Briefwechsels« zwischen mir und einem amerikanischen Botschafter,

den ich vor Jahren kannte. Faszinierend. Zuerst habe ich ihm nach Addis Abeba geschrieben, dann nach Äthiopien, später habe ich ihn in Nizza getroffen. Er hat jeden Brief, den ich ihm geschrieben hatte, aufgehoben. (Wie ich es mit Deinen mache, nur ist meine Sammlung noch recht dürftig.)
Doch ich glaube, der Tag wird kommen, da Du mir lange Briefe schreiben wirst, ganz viele, da Du mir lange und leidenschaftliche Küsse gibst und abends lieber zu Hause bleibst, statt die Stadt auf den Kopf zu stellen. Aus irgendeinem Grund glaube ich von ganzem Herzen an Dich, auch wenn mir der eine oder andere Idiot erzählt, daß Du mir nicht treu bist.
Auf all den Fotos in den Zeitschriften und Zeitungen siehst Du wunderbar aus. Und ich mag sogar Deinen neuen Hut!
Habe zweimal versucht, einen Song zu schreiben — ist aber nichts geworden. Werde es weiter versuchen. Stop. Punkt!

Und alles Gute!
Henry

Samstag, 4. Mai 1968

Und wie geht es Dir heute, Mrs. Miller, Du Venus des Fernen Ostens? Ich habe mir angewöhnt, Dir täglich zu schreiben und Dich in meinen Träumen vor mir zu sehen.
Die Japaner sind also von »Bonnie and Clyde« begeistert! (Ich glaube, ich hatte das schon erwähnt.) Lassen wir das! Hier ein Zeitungsausschnitt über die Hippies von Big Sur. Was für eine Ge-

schichte! Alle haben die Syphilis — Donnerwetter! Wenn man sich vorstellt, daß alles mit Columbus begann. Seine Seeleute brachten die Syphilis nach Europa, nachdem sie Amerika entdeckt hatten. Hast Du das gewußt?

Mit getrennter Post schicke ich Dir ein kleines Pamphlet über das »Into the Night Life«-Buch. Gib es jemandem, der darüber schreiben möchte. Ich habe noch 45 Exemplare davon — vielleicht finden sich in Japan bei all der Werbung für die Ausstellung ein paar reiche Sammler, die eins kaufen wollen (250 Dollar pro Stück).

Es tut mir leid, daß ich immer vom Geschäft rede. Aber Du scheinst sehr wohl fähig zu sein, Geschäft und Vergnügen zu kombinieren. Bitte schreib auf, welche Summen Du verdienst oder für mich einnimmst. Zum Beispiel die 1000 Dollar, die Kubo Dir für die Lithographien bezahlt hat. Ich muß dies bei meiner Abrechnung mit Silverman angeben. Wir können das nicht einfach unter den Tisch fallen lassen — keine krummen Touren! Übrigens, kauft Mr. Jin eines meiner Aquarelle für sich privat? Und glaubst Du, ich sollte ihm ein Geschenk machen für all seine Freundlichkeit?

Apropos Geschenke . . . Bitte, bring mir nichts mit. Ich habe alles, was ich brauche. (Es sei denn, jemand gibt Dir ein »Erotikon mit Illustrationen« von einem der japanischen Meister. Doch bitte kauf keines! So ein Buch könnte hier vom Zoll beschlagnahmt werden . . . Solltest Du eines aufstöbern, wäre es am besten, Du würdest es per Briefpost und Einschreiben schicken, okay?)

Aber es wäre nett, wenn Du ein nützliches und schönes Geschenk für Diane Robitaille finden könntest. Eines Tages werde ich Dir die Geschichte ihrer ersten zehn Lebensjahre erzählen, die ihre Art, ihr Verhalten erklärt — Schweigen und Verschlossenheit. Vor kurzem habe ich sie in ihrer Wohnung besucht. Sieht recht karg aus, müßte etwas komfortabler eingerichtet werden. Ich würde verrückt wer-

den, wenn ich so wohnen müßte. Ich werde bald versuchen, einen freundlicheren Platz für sie zu finden — zumindest mit einem guten Blick aus dem Fenster. Val kocht mir ein sehr gutes Abendessen. In den letzten Monaten hat sie sich zu einer guten Köchin entwickelt. Sie wirkt jetzt glücklicher, zufriedener. Ich bin wirklich froh, sie wiederzusehen. Wir verstehen uns jetzt viel besser.
Ich hoffe, daß Du bald zurückkommst. Vielleicht können auch wir jetzt besser miteinander reden. Ich weiß, Du hast mir viel von Japan zu erzählen — aber ich meine auch andere Gespräche, so von »Mensch zu Mensch«, »Mann zu Mann«, »Mann zu Frau«, »Liebender zu Liebendem« — ha ha, ho ho!
Ich weiß, ich überschütte Dich mit Post. Ich hoffe, Du liest all meine Briefe. Ich möchte Dich nicht verwöhnen — aber natürlich bist Du, wie Du mir einmal selbst gestanden hast, schon verwöhnt. (Werde nicht wie Amerika, so wie ein Franzose es einmal beschrieb — »eine Frucht, die verfault, bevor sie reif ist«.) Ich schwimme jetzt täglich — die Luft ist immer noch kühl, und ziemlich neblig am Morgen, aber das Wasser hat 30 Grad Celsius, gut für meine Arthritis.
Muß jetzt aufhören. Ich hoffe, Du verlernst Dein Englisch nicht.

Nam myoho renge kyo! *(Für Dich!)*

Grüße an alle. Einen besonderen Gruß an Dich. Bleib gesund und schlank! Arbeite nicht so viel! Und komm lächelnd heim.
(Do itashi gozaimas!) Honto in arigato gozaimes!*

Dein liebender Ehemann, Liebhaber und Ordnungsbeamter
Henry-San
»Playboy der westlichen Welt!«

* Tausend Dank und Du bist herzlich willkommen

Sonntag, 5. Mai 1968

Hoki-San — Licht des Orients,

zu meiner großen Überraschung und Freude schneite heute Tony unangemeldet bei mir herein! Sieht gut aus, stark wie ein Stier, wiegt 27 Pfund mehr, *alles Muskeln,* und ist ca. 2,5 cm größer. Blieb aber nur eine Stunde. Erzählte mir viele gute Neuigkeiten von sich. Anscheinend hat Joe Grays Freund in San Antonio jede Menge Einfluß. Tony muß vielleicht nicht nach Vietnam — und wird bald befördert etc. (Alles wegen »Nam myoho renge kyo« . . . ich sage es ständig, jeden Tag, jede Nacht.)
Ich gab ihm Pukos Adresse (die, die Du mir gegeben hast), oder er wird Dir einen Brief an sie ins Hotel New Japan schicken. Wohnt sie bei Dir? Ich war überrascht, als er mir erzählte, daß er seit ihrer Abreise nach Japan nichts mehr von ihr gehört hat. Wenn sie ihm nur schreiben würde. Er braucht das, genau wie ich Deine Briefe brauche. Was sich zwischen ihnen abgespielt hat, kann ich nur vermuten. Natürlich Sex. Aber vielleicht gingen seine Gefühle tiefer. Ein Junge wie er könnte so etwas viel ernster nehmen als sie. Weißt Du, wenn diese Jungen bei der Armee sind, träumen sie die ganze Zeit von Frauen. Das ist das einzige, woran sie nach ihrem sinnlosen Drill denken können. Bitte sorge dafür, daß sie gut zu ihm ist und ihm schreibt. Am 21. Juni kommt er für zwei Wochen, zumindest ist es so geplant. Sag Puko, sie soll ihn dann gut behandeln — viel mit ihm bumsen oder was ihm halt guttut. Das wird er zu schätzen wissen!
Habe gerade ein Foto von dem Mädchen, das nach Amerika kommen wollte, vor mir liegen — Miss Matsunaga. Hat der Duke von Anaheim sie je als Mädchen engagiert? Seit Du abgereist bist, habe ich nichts von ihm gehört. Ich vermute, er vermißt Dich.

Irgendwann werde ich Dir erklären, *weshalb ich Deine Briefe brauche!!!* Ist eine lange Geschichte. Und ich bin sicher, Du wirst vergessen, mich danach zu fragen, aber ich erwähne es trotzdem. Es ist leicht, das zu tun, was einfach ist. Wichtig ist, daß man das tut, was einem schwerfällt. Da zeigt sich der wahre Charakter. Ich könnte Dich zum Beispiel daran erinnern, was Du getan hättest (nach Deinen eigenen Worten), wenn Du aus Bequemlichkeit den Chinesen geheiratet hättest.

Für mich hast Du das nie getan. Aber wahrscheinlich hast Du vergessen, was Du gesagt hast. Ich habe ein Gedächtnis wie ein Elefant, vergiß das nicht!

Ich habe gerade sechs Seiten über »Bonnie & Clyde« geschrieben. Vielleicht schreibe ich noch mehr. Ich schicke Dir eine Kopie — für irgendeine japanische Zeitschrift. Vielleicht wissen sie meine Kritik mehr zu schätzen als meine Landsleute. Mal sehn. Als ich heute die Fahnen las (Briefwechsel mit einem unserer Botschafter), stellte ich fest, daß ich 1957 in Big Sur zwei Bücher japanischer Autoren gelesen und kommentiert hatte. Hast Du sie zufällig gelesen?

1) »Homecoming« von Jira Osaragi (Pseudonym)
2) »Five Women Who Loved Love« von Ihara Saikaku (1955 auf Englisch bei Tuttle & Co. erschienen). Glaubst Du, Du könntest es für mich auftreiben? Tuttle & Co. hat eine Niederlassung in Tokio . . .

Ich hörte, die berühmte Geisha, »die Schönheit ohne Waffen«, die sich in späten Jahren in ein Nonnenkloster zurückgezogen hatte, sei gestorben. Ich habe alles über sie in dem Buch »Three Geishas« von Kikou Yamata gelesen (halb Französin, halb Schweizerin), mit der ich zu korrespondieren pflegte. Ich sollte jetzt aufhören, doch es fällt mir schwer. Ich habe das Gefühl, mich mit Dir zu unterhalten. Ich spreche (laut) mit Dir, obwohl Du nicht hier bist. Ich sehe Dich auf einem großen Stuhl sitzen. Du bist nackt, hast nur Dein rotes Handtuch um Dich geschlungen und die Beine übereinandergeschlagen. Und wenn ich mir Dich so vorstelle, denke ich immer an den Abend, als Joe Gray Dich, mich und Noko zu Deiner ersten Wohnung fuhr. Du hast auf meinem Schoß gesessen, und ich hatte meine Hände zwischen Deine Beine geschoben, und Du hast Dich von mir küssen und streicheln lassen. Erinnerst Du Dich an diese Fahrt?

Irgendwann solltest Du mir wirklich von einer zärtlichen Geste erzählen oder schreiben, an die Du Dich erinnern kannst — auch wenn das »sentimental« sein mag, würde ich es schätzen. Du kannst Dir gar nicht vorstellen, wie glücklich es mich macht, wenn ich lese »ich vermisse Dich« oder »ich denke die ganze Zeit an Dich«. Du hast nichts zu verlieren und viel zu gewinnen. Ich möchte ganz nah bei Dir sein, fühlen, daß Du meine Frau bist, daß Dir unser Zusammenleben etwas bedeutet. Laß mich nicht austrocknen vor Mangel an Zuneigung. Und laß mich nicht mit anderen Frauen tun, was ich mit Dir tun will. Sei ein bißchen eifersüchtig! Das würde mich glücklicher machen.

Genug jetzt. Ich warte auf Post von Dir. Komm bald heim, wenn Du kannst, ja?

Dein
Henry-San

Dienstag, 7. Mai

Liebe Hoki-San, Perle des Orients, Licht Asiens — guten Morgen, wie geht es Dir heute?

Gestern abend am Telefon klangst Du weit weg und schwach wie eine Katze — vielleicht habe ich Dich zu früh geweckt. Ich schätze, es war ein Uhr, aber wir haben jetzt Sommerzeit — und vielleicht war es erst zwölf Uhr mittags . . . Heute morgen erhielt ich Deinen Brief, den Du im Zug geschrieben hast.
Gerne mache ich ein Aquarell nur für Akira-San.
In meinem letzten Brief hatte ich Dich wegen eines Geschenks für ihn um Deine Meinung gebeten. Du schreibst, ich solle ein paar »nette Worte« auf das Bild schreiben. Ich bin mir nicht sicher, meinst Du wirklich nett oder etwas »Pornographisches«??? Bitte, schreib es mir. Das Gemälde, das ich Fujishima geschenkt hatte, erscheint samt Widmung in fast allen Zeitschriften, die ich zugeschickt bekomme (und im Katalog). In Asahi-Graphik waren zwei Doppelseiten, die von Dir *und* Fujishima geschrieben sein sollen. Es stand Merkwürdiges drin. Mir fällt auf, daß Du häufig Durrell erwähnst und den tiefen Eindruck, den seine »poetische« Schreibe auf Dich gemacht hat! Ich kann mir kaum vorstellen, daß er gut ins Japanische übersetzt wurde; sein Stil ist sogar auf englisch schwer zu lesen. (Es wird unmöglich sein, sein neues Buch »Tunc« dem Original entsprechend zu übersetzen. Die Kritiker hier behaupten, es sei überladen — zuviel schöne Worte und zuwenig Bedeutung oder Substanz.) Du schreibst von Deiner Begegnung mit japanischen Schriftstellern. Sogar Yoshiyuki war anscheinend unfähig, bestimmte Sätze aus meinem Buch »Nights of Love and Laughter« zu übersetzen, obwohl es in einfachem Englisch geschrieben ist. Du

solltest versuchen, eines meiner kleineren Bücher, eines, das ich sehr mag, auf japanisch zu lesen. Es heißt »The Time of the Assassins« und handelt von dem Dichter Rimbaud, dem Genie, das seine Werke zwischen dem 16. und 19. Lebensjahr schrieb. Sein Leben ist faszinierend, vielmehr war es das. Rimbaud beeinflußte alle großen Schriftsteller Frankreichs — und anderer Länder. Er ist in dem Jahr gestorben, in dem ich geboren wurde — 1891. (Auch Nietzsche, Walt Whitman und van Gogh sind in diesem Jahr gestorben). Es überrascht mich nicht, daß die Japaner kleine Aquarelle mögen — die wirklich guten Aquarellmaler haben selten große Aquarelle gemalt, auch in der westlichen Welt. (Ich denke da an Turner, John Marin, Paul Klee etc.) Ich vermute, meine Bilder werden sich jetzt langsamer verkaufen, nicht wie in Tokio. Wenn ein paar übrigbleiben, die Du nicht an Deine Freunde verkaufen kannst, werde ich sie der Westwood Art Assoc. schenken; das senkt meine Steuer und ist so gut wie ein Verkauf.
Ich war ziemlich überrascht, daß eine Zeitschrift Dich gebeten hat, ein Interview mit Sukarnos japanischer Frau zu machen. Das ist erstaunlich. Ich würde Dich kein Interview mit Sukarno machen lassen, weil er ein großer Frauenheld ist und Du vielleicht nie mehr zu mir zurückkehren würdest. Durrell ist nun wegen des Dokumentarfilms von Katsimbalis »The Colossus of Maroussi« in Griechenland unterwegs. In Paris dürfte es zur Zeit schwer sein, ein Zimmer zu finden, nachdem dort die Friedensverhandlungen stattfinden sollen. Erinnerst Du Dich, daß die vietnamesische Botschaft in der Nähe unserer Wohnung war — rue d'Assas? Schon jetzt finden in Paris Demonstrationen gegen die Amerikaner statt, und die Polizei setzt Tränengas ein, was sie nie zuvor getan hat. Welche Zeitschrift wollte Dir das Interview aufhalsen? Das würde mich sehr interessieren.

Jemand hat mir erzählt, daß in der Maiausgabe von Geijutsu Shincho (Shincho-shas Kunstmagazin) ein guter Artikel über die Ausstellung in Tokio steht. Ich hoffe, Du kannst mir eine Ausgabe davon schicken. Bis jetzt habe ich nichts Erwähnenswertes darüber gelesen ... Dein Jaguar wird gerade herausgeputzt, damit er, wenn Du kommst, in bester Verfassung ist. Du solltest den Ölwechsel nicht vergessen und ihn alle tausend Meilen abschmieren lassen, damit er in Form bleibt. Er sieht recht beeindruckend aus und läuft gut. Connie kümmert sich um ihn. Ich schreibe noch ein bißchen weiter an dem Artikel über »Bonnie & Clyde«. Meine erste Fassung habe ich stark abgeändert. Wenn ich Dir den fertigen Text schicke, dann natürlich auch die geänderte erste Fassung. Wenn Du ihn an ein Literaturmagazin schickst, freuen sie sich vielleicht über die korrigierten Seiten — manchmal drucken sie ein bis zwei Seiten solcher Korrekturen, um dem Leser zu zeigen, welche Sklavenarbeit ein Schriftsteller an seinem Manuskript leistet. Ich schicke Dir auch mit getrennter Post das kleine Pamphlet »Journey to an Antique Land«, das vielleicht bei einer Zeitschrift unterkommen könnte. Den Text schrieb ich für diesen verrückten Künstler in Big Sur, der winzig kleine Zeichnungen macht und sie für Meisterwerke hält.

Bis jetzt habe ich weder etwas von Okuda noch von Jules Dassin gehört. Der Saturn sorgt immer für Verzögerungen — ho ho!

Ich warte auf Deinen nächsten Brief. Ich hoffe, Du hattest ein gutes Gespräch mit Mumata. Ich möchte gerne wissen, was Du von ihm als Mensch hältst. Und was Kawade betrifft: Wann bekomme ich von ihm die Lithographien zum Signieren? Falls der Band mit meinen Aquarellen schon erschienen ist, bitte schick ihn mir schnell — per Luftpost! Ich bin ganz gierig darauf. Er heißt »Dreams from Near and Far«. Dein Kommentar war, das ließe sich nicht gut ins Japanische übersetzen, erinnerst Du Dich?

Hatte gestern einen guten Abend hier zu Hause. Habe ein paar interessierten Buchhändlern einige Dokumentarfilme gezeigt und Tischtennis gespielt wie der Teufel, nachdem ich Chartreuse und Scotch intus hatte. Ich war nicht betrunken, einfach heiter, unbekümmert und habe mich köstlich amüsiert ... Ich hoffe, Du hast meine Briefe bekommen — seit einer Woche schicke ich Dir mindestens einen pro Tag. Tut mir leid, daß ich Dich mit all meinen Fragen und Bitten auf Trab halte. Aber es gefällt mir, wie Du die Dinge anpackst. Du bist eine echte Botschafterin von PacPal. Man nennt das einen »Generalbevollmächtigten«.
Coda: Wie reizend, wie entzückend, endlich das Wort »Liebe« über Deiner Unterschrift zu entdecken! Wie freue ich mich, Dich bald wieder in natura zu sehen. Ich könnte Dich mit Haut und Haaren verschlingen.
Nun ein kurzer Lunch — vier Uhr nachmittags und zurück zur Arbeit an »Bonnie & Clyde«. Es wird eine »Kadenz« zu einer »Toccata für Vollidioten« sein. Meine Trommelei besser wird. Wäre es nicht lustig, wenn ich meine Karriere als Trommler beendete und nicht als Schriftsteller oder Maler?

Tschüs für heute und Grüße an alle
Henry-San

PS. Dein Vater schickte mir eine nette Karte und bedankte sich für das Aquarell, das Du ihm gegeben hast.
PPS. Als Val ein Foto von Dir in einer Zeitschrift sah, fragte sie spontan: »Wo ist ihr Ehering?« Ich erwiderte: »Was für ein Ehering?« Sie sagte: »Der aus Israel.« Ich erklärte ihr, daß Du ihn wahrscheinlich weggeworfen hast. Sie bat mich, Dich zu grüßen, als sie hörte, daß ich mit Dir telefoniere. Ich glaube, sie mag Dich immer mehr.

9. Mai 1968

Liebe Hoki-San,

ein ganz schneller Brief. Seit der Nachricht, die Du im Zug geschrieben hast, nichts mehr von Dir. Ich schicke Dir von dem Manuskript den ersten lesbaren Durchschlag, denn das Original möchte ich an eine amerikanische Zeitschrift schicken — entweder an den »Esquire«, »Playboy« oder »Evergreen«. Fotokopien gehen in sechs andere Länder; jedes soll das Recht haben, diesen Text in seiner Sprache und seinem Land zu benutzen. Wie ich Dir gestern schrieb, schicke ich auch die korrigierten Seiten; ich möchte sie zurückhaben, es sei denn, jemand in Japan will sie kaufen. Ich kann solche Seiten immer Büchereien schenken oder an Sammler verkaufen. Die Zeitschriften können Fotos machen und sie mit meinem Text veröffentlichen.

Einige meiner Worte und Sätze sind im Slang geschrieben, aber ich denke doch, daß ein Mann wie Yoshiyuki das meiste davon verstehen kann — und wenn nicht, können sie mich ja fragen. (Vielleicht verstehst nicht einmal Du alles.) Auf jeden Fall soll es genau so gedruckt werden, wie ich es geschrieben habe — keine Kastration oder Abschwächung, wie es japanische Verleger mit meinen Büchern gemacht haben. Wenn ihnen der Text so nicht gefällt, dann schick ihn mir zurück. Hier zeichnet sich eine Reaktion auf diesen Film ab — mein Text kommt so also gerade recht. Heute abend wird in der Joey-Bishop-Show ein Mann auftreten, dessen Vater tatsächlich von Bonnie & Clyde getötet worden ist — er hat sich geweigert, den Film anzusehen, und sagte zu Joey, er könne nicht verstehen, weshalb solche Leute noch »glorifiziert« würden.

Versuchte mich gestern abend an einem Song, ist aber immer noch nicht das richtige. Ich versuche immer wieder zu reimen, was nicht

notwendig ist. Joe Gray hat mir ein paar Tips gegeben — wie man einfach schreibt. Ich werde es wieder versuchen.
Dein Jaguar ist jetzt in perfekter Verfassung. Habe 45 Dollar fürs Einstellen bezahlt, d. h., er hat neue Zündkerzen (deshalb ist der Motor morgens nicht angesprungen), der Vergaser wurde gereinigt — war vollkommen verdreckt —, neue Kontakte wurden eingebaut, der Motor repariert, praktisch alles überholt. Ab jetzt solltest Du alle 1500 Meilen das Öl wechseln und den Wagen abschmieren lassen und ihn alle 5000 Meilen warten lassen, wie wir es jetzt gemacht haben. Dann läuft er immer erstklassig. Ich habe die Rechnung aufgehoben, um Dir zu zeigen, was sie gemacht haben und wann. Connie weiß, wo das erledigt werden kann — in Venice. Habe wieder Fahnen von dem Briefwechsel mit unserem Ex-Botschafter gelesen (J. Rives Childs). Damals in den 50er Jahren habe ich versucht, bei der PanAm einen Freiflug nach Japan zu bekommen. Als Gegenleistung wollte ich Werbetexte für sie schreiben. Nachdem dieser Mann mein ausführliches Gespräch mit Ben Grauer vom N. B. C., N. Y. gehört hatte, schrieb er in einem seiner Briefe, er habe das gleiche Hochgefühl gehabt wie in dem Augenblick, als er zum ersten Mal den Buddha in Kamakura gesehen habe. Ungefähr zur gleichen Zeit lud mich Mr. Takata (der räuberische Verleger, der alle meine Gemälde verkauft und mich nie bezahlt hat) in sein Haus in Kamakura (sic) ein.
Wenn Du jetzt die 14 Songs für die Platte aufnimmst, kannst Du dann Tonbänder davon mitbringen? Ich würde sie gerne hören — vor September —, vielleicht inspirieren sie mich. Für Larry werde ich verrückte, surrealistische Texte schreiben, aber für Dich will ich etwas Gefühlvolleres, mit einem Hauch Japan darin . . . Das wär's für heute, o Sirene der Aufgehenden Sonne. Morgen mehr, keine Frage. Das Wetter ist freundlich und wärmer. Dieser Monat ist

schlecht, viel Nebel und Wolken. Schreib mir bald und oft. Sei nett zu Dir. Ich freue mich auf Dich. Wie Shakespeare sagt: »Ende gut, alles gut.«

Henry-San

PS. Kennst Du Catherine Deneuve, die schöne französische Schauspielerin, die in »Belle de Jour« von Buñuel spielt?

10. Mai 1968

Hoki, Venus von Samothrake, Shizuoka und Points East:

Dank für Deinen Eilbrief heute morgen. Du bist wirklich aktiv. Gut zu wissen, daß Kawade (noch) nicht pleite ist. Dies wird wieder ein kurzer Brief, da ich in zehn Minuten mit der schönen vietnamesischen Frau eines Freundes zum Essen gehe. Er ist ein bekannter Kunstkritiker aus New York und Paris. Das Essen mit Gia Scala und Freunden habe ich abgesagt — zu langweilig. Habe gerade Deine Haftpflichtversicherung bezahlt — 100.40 Dollar —, da sie morgen fällig wird. Ich hatte Dir schon vor Wochen deswegen geschrieben, auch wegen des Schecks über 65 Dollar vom Arbeitsamt, doch Du hast nicht reagiert. Der Scheck ist auf H. Miller ausgestellt. Soll ich ihn unterschreiben und auf Dein Konto gutschreiben lassen? Ich zahle auch die Restkosten für den Jaguar auf einmal, da ich es hasse, monatlich abzuzahlen. Ich will keine Zahlungsverpflichtungen mehr.
Soviel zum Geschäftlichen . . .

Du willst Dich also operieren lassen. Such Dir den Chirurgen sorgfältig aus. Wie du weißt, ist Omanko ein heikler Ort. Sieh Dich nach einem guten Operateur um. Schreib mir, wann die Operation stattfindet, damit ich Dir »Nam myoho renge kyo« sagen kann. (Mögen die Götter Dich schützen und segnen!)
Gestern abend habe ich mir einige Deiner Notenblätter vorgenommen, um die Texte zu studieren. Ich war überrascht, wie armselig die Worte sind, auch bei sogenannt guten Hits. Mir fällt auf, daß viel gereimt wird. Mir fehlt nur die dritte Zeile, die, die sich nicht reimt. Auf jeden Fall versuche ich es weiter. Natürlich wünsche ich mir, daß Du etwas von mir singst. Vielleicht könntest Du die Musik dazu komponieren. Es heißt, der Text sei das Wichtigste, aber ich finde, die Melodie ist am wichtigsten. Wenn Du hier wärest und etwas improvisieren könntest, kämen mir die Worte leichter. Noch etwas — Du sagst, Du würdest meine Worte übersetzen. Aber wird es dann nicht schwierig sein, auf japanisch die richtigen Worte für den Reim zu finden? Oder möchtest Du zwei Versionen für Sony machen, eine englische und eine japanische? Deine japanischen Texte sind sehr gut, das weiß ich, vielleicht wäre es gar nicht so schwierig für Dich.
Wenn sich herausstellt, daß mir Liedertexte gelingen, werde ich gleich mehrere schreiben. Weshalb nicht? Es besteht immer die Chance, daß ein Song ein Hit wird, oder? Und besonders, wenn er von Hoki-San, der Nachtigall von Shinju-ku, gesungen wird!
Wenn es mir zu schwerfällt, Liedertexte zu schreiben, werde ich Dir einen Liebesbrief in Prosa schreiben, aus dem ich dann bestimmt ein paar Zeilen verwenden kann. Ich habe ein paar japanische Worte, die ich gerne einfügen möchte. Wenn Du bestimmte Worte besonders liebst, dann laß es mich wissen. Ich weiß, auf japanisch sagt man nie: »Ich liebe dich.« Doch das können wir umgehen, wie

Madame Nogi mit ihrem »injo« den Omanko umgeht, n'est-ce pas? Gestern abend, in der Joe-Bishop-Show, hörte ich mir den Mann an, dessen Vater tatsächlich von Bonnie & Clyde umgebracht worden ist. Dem Aussehen nach hätte er Bonnies Vater sein können. Erinnerst Du Dich an die Mutter im Film? Er war sehr schlicht, ehrlich, ergreifend — die Zuhörer waren begeistert. Joey scheint sehr gegen Bonnie & Clyde zu sein. Er sieht in dem Film eine Gefahr für die Teenager, die aus beiden romantische Helden machen. Habe die Fotos von dem echten Paar Bonnie und Clyde gesehen. Keine Ähnlichkeit mit den Filmstars, ganz besonders Bonnie hat nicht die geringste Ähnlichkeit mit Warren Beatty.
Das wär's für heute, mein Eichhörnchen. Ich umarme Dich liebevoll. Bin gespannt, wie Du den Text über B. & C. findest, den ich gestern per Einschreiben an Dich abgeschickt habe.

Henry-San

11. Mai 1968

Shibara-ku, O Kano Sama, da draußen im Wind, mein Kind! (Ich kann nicht aufhören zu reimen) Hier ist der erste Text, der mir einigermaßen gefällt. Was meinst Du? Vielleicht hört er sich auf japanisch besser an als auf englisch. Bei meinem nächsten Versuch werde ich ein paar japanische Wörter oder Sätze einflechten. Hier sind einige Variationen aus früheren Fehlschlägen — Dir zur Freude . . .

Midnight babes with razor blades
Stroll the Ginza like the Braves (ball team)
Bobo, Colo, Kurimoto, all are somewhat loco

(loco ist verrückt oder die Bezeichnung für Marihuana)

While playing hockey she took her Sake
Just like Lady Murasaki
  The Ginza glows with noodle shops
  Dishing soup to ancient fops

(fops sind Gecken)

No admission nor tuition
Just a yen for more fruition

(yen heißt hier auch: sich sehnen nach Süßigkeiten)

A land of ghosts that never
  ask to sleep or kiss
Nor beg for just an ounce of bliss
With Mister Moto and his koto
Comes Miss Injo and her banjo

Genug davon! Aber Du siehst, wie sehr mir die Reime immer im Kopf herumspuken . . .
Zu den beiden Aquarellen, die Dir so gefallen: Ich erinnere mich wohl an das eine mit dem roten Boot, aber nicht an das mit den Augen und *Omanko um den Hals????* Egal wie, weshalb bittest Du nicht Mr. Jin, sie Dir zu geben, oder mit dem »Verkauft«-Schild zu versehen?
Nochmals zu Kawade . . . Ich hoffe, sie haben inzwischen das normale Album herausgebracht, vielleicht sogar die Luxusausgabe? Bitte, halte mich auf dem laufenden.

Als ich Dich bat, mich nicht von Japan aus anzurufen, dachte ich törichterweise, Du könntest anrufen, und ich wäre nicht zu Hause. Doch wenn Du es mit Voranmeldung machst, ist es in Ordnung. Das wäre eine reizende Überraschung. Wenn Du gegen ein Uhr nachmittags (japanische Ortszeit) anrufst, solltest Du mich eigentlich antreffen. Bei uns hier wäre das etwa acht Uhr abends. Übrigens, hat der Freund Deines Vaters, der reiche Mann, der meine Ausstellung organisieren wollte, je ein Gemälde von mir gekauft? Neulich habe ich Mr. Jin einen netten Brief geschrieben und mich für all seine Mühe bedankt und ihm ein kleines Aquarell mit Widmung angekündigt, ganz speziell für ihn. Ich schrieb ihm, wie sehr auch Du seine Bemühungen zu schätzen weißt. Das gleiche gilt natürlich für Mr. Kubo. Du erwähnst zehn alte Gemälde von mir in Kubos Privatsammlung. Hat er nicht 35 meiner Bilder für die Ausstellung ausgeliehen? Ich dachte, das sei klar.
Keine Fragen mehr . . . Muß jetzt meine Runden schwimmen. Das Wetter ist immer noch recht kühl und der Himmel wolkig. Ich befürchte, das bleibt den ganzen Mai so.
Nun, ich bin gespannt, wie es mit Deiner geplanten Reise nach Paris aussieht. Aber ich muß Dich noch einmal warnen: Zur Zeit ist es in Paris gefährlich, weil die Studentenunruhen anhalten. Über 700 Polizisten wurden bei der ersten Demonstration verletzt, und es ist noch nicht vorbei. Alle protestieren gegen den Krieg — und gegen Amerika. Und es wird schwer sein, ein Hotel zu finden. Also paß auf! Hast Du Deinen Paß auf Hiroko *Miller* umschreiben lassen?
Wie üblich wird heute wohl Joe vorbeikommen. Ich danke Dir, daß Du ihm die Kamera besorgen willst. Kore-wa ikura desuka? Kokade Pon-O Tomemasu. Yurushito kudasai (für arme Japaner) Wa-ga tomo! (Mach itashi mashite!)

Dein beschwingter Schwindler-O Henry-O
nicht O'Henry! (Name eines armen Schriftstellers)

13. Mai 1968

KOPIE FÜR HOKI!

Lieber Larry,

vor zwei Tagen hatte ich Hoki geschrieben, daß Du wahrscheinlich gerade in Griechenland bist, und heute erhalte ich Deinen Brief aus Sommieres. Aber wenn ich richtig verstanden habe, hast Du vor, bald nach Griechenland zu reisen, non? Ich erwähne das, weil Hoki die Gelegenheit hat, nach Paris zu fahren, um für irgendeine japanische Zeitschrift Sukarnos japanische Frau zu interviewen. Und ich habe ihr geraten, sich das gut zu überlegen — wegen der Studentenunruhen, die schon fünf Tage dauern und bestimmt auch während der Friedensverhandlungen anhalten werden. Inzwischen wurden über tausend Polizisten verletzt, von den Studenten ganz zu schweigen. Das ist schon eine Menge, viel mehr, als unsere blutigen Rassenunruhen in den Negervierteln gekostet haben. Viel, viel mehr! Was sie reizt, ist natürlich die Aussicht, über Beirut, Hongkong und dergleichen schillernde Städte zurückzureisen. Sie vergißt, daß zur Zeit Hochsaison für Diarrhöe, Wassermangel, Cholera und dergleichen herrscht. Und wahrscheinlich hofft sie insgeheim, daß Du nach Paris kommst, wenn sie dort ist. Das wäre ungefähr Ende Mai.

Heute leite ich wieder Deine Tips zum Schreiben von Liedertexten an sie weiter. Wie Du vielleicht gehört hast, hat sie den Auftrag, ein Dutzend Lieder für die Leute von Sony zu machen. Sie wollte, daß ich einen Song für sie schreibe, was mich natürlich gereizt hat, und nach zahlreichen Probeläufen habe ich den einen, den ich Dir beifüge, aus dem Ärmel geschüttelt und ihr geschickt. Sie muß ihn ins Japanische übersetzen, und weiß der Himmel, was dann aus meiner »Poesie« wird — ich meine, aus den Reimen. Aber Hoki-San ist sehr klug, und selbst wenn sie meinen Worten eine neue Wendung geben muß, wird sie es gut machen, vielleicht noch besser als das Original.

Auf jeden Fall schicke ich Dir diesen ersten Versuch und will Deine Meinung hören. Ich würde gerne noch mehr Lieder schreiben, besonders, wenn Hoki sie singt und vielleicht selbst die Musik dazu komponiert. Aber diese Texte zu schreiben, ist verdammt schwer! Ich habe mir ein paar von den Songs angesehen, die Hoki hier aufhebt, und fand sie so verdammt simpel, ja dämlich, sogar Cole Porter oder Rodgers und Hammerstein. Was für ein Dreck! Meiner Meinung nach ist die Musik das Wichtigste, aber ich bekomme zu hören: nein, der Text ist wichtiger. Am idealsten wäre es, wenn man beides selbst machen könnte!

Wie ich Hoki geschrieben habe, glaube ich, daß ich ein paar blöde Texte hinklotzen kann, mit Wortspielchen, verrückten Zeilen, mit Reim und ohne etc. Jedesmal, wenn ich in diesen Songs das Wort »Liebe« sehe, könnte ich kotzen. Lawrence hatte recht — »wird Zeit, daß wir das Wort Liebe abschaffen«, erinnerst Du Dich? Ich mache mir auch nichts aus Balladen à la Joan Baez — zum Einschlafen. Und Bob Dylan läßt mich absolut kalt, auch wenn er bei den Teenagern die Nummer Eins ist. Wir müssen die Dummköpfe aller Altersstufen und aller Klassen erreichen, die Jungs, die das Radio einschalten, sobald sie den Wagen starten, und es so laut wie möglich haben wollen. Die brauchen sogar Musikuntermalung, um einfach schön miteinander vögeln zu können. Es ist alles dieselbe Soße, überrollt einen wie eine Woge von Dreckwasser, wenn Du verstehst, was ich meine. Aber wir müssen es trotzdem versuchen. Ich finde, manche alten Melodien haben viel mehr Kraft als die neuen. Und der Text paßt besser zur Musik, oder?

Hast Du immer noch vor, im Frühjahr herzukommen und eine Tour durch die Staaten zu machen? Ohne mich, mein Freund. Das kommt für mich nicht mehr in Frage. Was ich in »Nightmare« geschrieben habe, ist Kinderkram im Vergleich zu dem, was heute über Amerika zu sagen wäre. Falls in diesem Land je eine Revolution möglich wäre — woran ich ernsthaft zweifle —, dann stehen wir im Moment ganz kurz davor. Die Schwarzen werden sich nicht endlos hinhalten lassen, sie warten nicht bis in alle Ewigkeit. Und es sind nicht nur die Schwarzen — die armen Weißen sind genauso schlecht dran. Wenn Du durch den Süden fährst, siehst Du es am deutlichsten. Morgen beginnt der Sitzstreik der Armen in Washington D. C. Ich hoffe, Du kannst das im Fernsehen sehen. Das wird den Menschen in diesem Land die Augen öffnen. Inzwischen ist es amtlich, daß 15 000 000 Menschen in diesem Land hungern, d. h., sie bekommen pro Tag noch nicht einmal eine warme Mahlzeit. Wir hatten immer reichlich Geld für Waffen, aber auch das stimmt nicht mehr. Wir sind bankrott, physisch und moralisch. Bei der Friedenskonferenz haben die Vietcong den Trumpf in der Hand. Sie können ewig weiterkämpfen — wir nicht.

Ich habe gerade neun Seiten über »Bonnie & Clyde« geschrieben. Natürlich einen Verriß. Ich schicke ihn in zwölf verschiedene Länder. Vielleicht meinst Du, ich übertreibe, mache zuviel Wind darum, aber weißt Du, wenn ich an diesen verdammten Film nur denke, werde ich wütend, und wie! Du bist so geduldig und tolerant. Irgendwie gehört Gewalt zu den Dingen, die ich nicht ertragen kann. Da fällt mir ein . . . Als ich gestern nacht um ein Uhr einen Spaziergang um den Block machte, hielt plötzlich ein Auto dicht neben mir, und zwei Teenager, offensichtlich unter Drogen, pöbelten mich an, drohten mir und überschütteten mich mit Flüchen. Ich war nicht weit vom Haus entfernt, also ging ich ruhig weiter, und sie fuhren mir nach. An einem Punkt dachte ich, jetzt springen sie aus dem Auto und packen mich, doch zum Glück taten sie das nicht. Und ich, der ich so sehr gegen die Gewalt bin, weißt Du, was ich mir vorgestellt habe? Ich lasse sie mir folgen, bis zum Haus und dann hinein, und ich nehme meine messerscharfe Machete, die ich immer griffbereit habe, und schneide die beiden in Stücke. Weißt du, diese Art von Gemetzel sehe ich als »gerechtfertigt« an. Später überkam mich das große Zittern. Nicht wegen dem, was sie mir hätten antun können, sondern wegen dem, was ich ihnen hätte antun können! Vorsicht vor dem Pazifisten, sage ich immer. Vorsicht vor dem Gerechten! Weißt Du, wie das ist, wenn man vor Wut rast? Das tue ich innerlich immer wieder. Zum Glück trage ich immer meine Maske eines Buddhas. Nun, genug davon . . . Wenn Du Joey in Griechenland triffst, umarme ihn herzlich in meinem Namen. Auch ich bin gespannt, wie der alte Katsimbalis auf der Leinwand aussieht. Ja, vor kurzem habe ich David Frost hier in den Staaten im Fernsehen gesehen, aber ehrlich gesagt hat er mir überhaupt nicht gefallen. Gut, daß wir nie gegeneinander angetreten sind. Cassius Clay jederzeit. Kein Problem. Grüße an Marcelle, die liebe Schlampe. Sag ihr, ihre Voraussagen scheinen sich in doppelter Hinsicht zu erfüllen. Besonders für Hoki. Alors, hoki-doki und une bonne pétarade pour tout le monde.

Henry-San
alias Val oder Henry
Tschüs!

14. Mai 1968

Liebe Hoki-Sama, Licht von Asien — O haeri kudasai!

Nobuko war gerade mit George vom Reisebüro hier. Ihr Visum wird um weitere sechs Monate verlängert. Ich schrieb an die Einwanderungsbehörde, daß sie bei uns zu Besuch sei, und man möge sie doch noch länger bei uns bleiben lassen. Sie sah hübsch aus, wie immer, und glücklich. (George ist der Typ, der in South Elden neben Dir gewohnt hat.)
Heute morgen ist Connie zur Bank of Tokyo gegangen und hat den Jaguar bezahlt. Wenn Du zurück bist, mußt Du selbst dorthin gehen und Dir den Kfz-Brief für Deinen Wagen holen, den wollten sie weder ihr noch mir geben. Das ist der Schein, den Du brauchst, wenn Du den Wagen verkaufen willst.
Endlich bekam ich eine gute Übersetzung von »Nam Myo Ho Renge Kyo«. Sie lautet: »Es gibt nichts so Erlesenes wie das Gesetz vom Lotossutram.« Finde ich schön. Und es wirkt bei mir immer noch — wie ein Zauberspruch.
Heute kam ein Brief von einer jungen Frau, die ich mal in die Pianobar des Imperial Gardens mitgenommen habe, damit sie Dich sieht. Sie schreibt: »Ich wünschte, ich hätte Ihre Frau besser kennengelernt, aber wichtig ist, daß sie in jeder Hinsicht schön ist . . . Sie beide passen wunderbar zusammen. Henry Miller verbirgt hinter seiner unerbittlichen Feder ein samtweiches Herz. Und im Gesicht Ihrer Frau, ihren Worten und Gesten spiegelt sich Ihre Sanftheit wider. Vor langer Zeit schrieben Sie, als ob Sie wüßten, daß Sie diese Frau finden würden, und als schrieben Sie sogar für sie. Es scheint nur natürlich, daß sie Teil jener Transzendenz ist, die Sie damals in Freud und Leid erlebten . . .« Vor zwei Abenden habe ich

ein Aquarell für Mr. Jin angefangen, wurde aber fünfmal dabei gestört. Ich hoffe, ich werde heute damit fertig. Jetzt bin ich auf dem Sprung — werde die nächsten vier Abende immer außer Haus essen. Morgen mittag treffe ich mich mit Gia Scala zum Champagnerlunch. Sie hat mich gestern um Mitternacht fast eine Stunde lang am Telefon festgehalten und mir ihre Lebensgeschichte erzählt.

Bestimmt wollte ich Dir noch mehr erzählen, weiß jetzt aber nicht mehr, was.

Bitte vergiß nicht, mir zu schreiben, wo ich den Vibrator finden kann.

Ogenki de Osugoshi Kudasai! (Was immer das heißen mag!) Auf italienisch — Ossobuco pistachio con amore.

Ich warte auf Neuigkeiten von Dir. Ciao!

Henry-San

PS. Val und ihre Freundin sind immer noch hier.

15. Mai 1968

Liebe Hoki-San,

ich schicke Dir den Brief von Art Life mit einer Kopie meiner Antwort. Ich bin ratlos. Sind jetzt wirklich alle Ausstellungen vorbei? Wie ich Jin schrieb, sind ohne Frage die Ergebnisse enttäuschend, wenn man bedenkt, welche Anstrengungen er und ich unternommen haben, damit sie ein Erfolg werden. Ich will auf keinen Fall, daß die restlichen Bilder zum halben Preis an irgendwelche geschäftstüchtigen japanischen Kunsthändler gehen. Ich kann ohne weiteres eine weitere Ausstellung in Amerika organisieren oder sie der Westwood Art schenken.

Heute erhielt ich auch einen herzzerreißenden Brief von Ueno-San. Er schrieb, er habe einen Artikel von Dir gelesen, in dem Du behauptest, daß einer meiner japanischen Fans versuchte, sich bei mir einzuschmeicheln und um Geld für ein Haus gebeten habe und weiterhin sagtest Du, ich würde diesem Mann immer noch Geld schicken. Das ist das Schlimmste, was Du einem Japaner antun kannst. Es ist demütigend. Es stimmt, ich schicke ihm immer noch Geld, aber das ist für seinen kleinen Sohn, der mit einer schweren Krankheit im Hospital liegt und dort noch einige Zeit bleiben muß. (Es sei denn, dies alles wäre nicht wahr, in dem Fall wäre Ueno ein Schurke. Aber das glaube ich nicht, denn er hat mir Quittungen von der Klinik geschickt, für die Behandlung seines Kindes.) Ich weiß nicht genau, ob Du ihn in Deinem Artikel namentlich erwähnt hast. Ich hoffe nicht! Aber auf jeden Fall fühlt er entehrt. Er ist nicht ärgerlich auf Dich, obwohl er sehr verletzt ist. Er sagt, daß Du positive Dinge über mich geschrieben hast und er sich freut, weil Du mich so gut verstehst. Bitte schick mir die Zeitschrift oder Zeitung, in der dieser Artikel erschienen ist! Ueno bat mich, dies nicht zu erwähnen, aber ich kann es nicht ignorieren. Ich weiß genau, wie mir zumute wäre, wenn eine solche Geschichte über mich geschrieben würde. Wahrscheinlich wolltest Du ihn nicht kränken — ich stelle mir vor, Du versuchtest, den Japanern zu erklären, welche seltsamen Bitten meine Fans und Bewunderer an mich richten.

Übrigens ging mein Telegramm an Dich raus, *bevor* ich Uenos Brief erhielt. Vielleicht hast Du ihn inzwischen in Sendai getroffen. Vielleicht hältst Du ihn, nachdem Du ihn persönlich kennengelernt

hast, immer noch für lästig und exzentrisch. Aber solange er sich nicht als absoluter Gauner, Schurke, Dieb und Lügner entpuppt, betrachte ich ihn als Freund und werde ihn als solchen behandeln. Du solltest inzwischen wissen, daß ich viele seltsame Freunde und Bekannte habe, und manche sind viel schlimmer als Ueno-San; dennoch bin ich ihr Freund und bereit, ihnen zu helfen, auch wenn sie mich vielleicht belügen und betrügen. Es kommt nicht so sehr darauf an, was die Menschen einem antun, sondern wichtig ist, was man selbst für sie tut, verstehst Du? Das Böse kann mich nicht berühren, da mein Herz rein ist. Im Laufe meines langen Lebens haben nur sehr wenige Menschen versucht, mich zu betrügen oder mich zu verletzen, und wenn sie es taten, litten sie mehr als ich. Mit anderen Worten: Liebe Hoki-San, ich versuche Dir zu erklären, daß ein Schutzengel über mir zu wachen und mich zu beschützen scheint. Das bedeutet nicht, daß ich wie ein Dummkopf handeln muß und meine eigenen Interessen nicht wahre. Doch es hilft mir, den Menschen gegenüber nicht zu argwöhnisch, zu mißtrauisch zu sein. Genug davon ...
Hast Du die Telefonnummer von Elaine ... in Santa Monica? (Sie hat Dir die Karten gelegt, erinnerst Du dich?) Riko hat sie nicht. Das ist alles für heute! Immer noch kein Brief von Dir. Bleib gesund und vertraue dem Herrn! Amen!

Henry-San

PS. Der ›Schutzengel‹, von dem ich spreche, ist irgendwo im Universum. Hier unten bist du mein Schutzengel, vergiß das nicht. Das größte Problem im Leben ist, *wie* man jemand anderem helfen kann. Verstehst Du, was ich meine?

16. Mai 1968

Liebe Hoki-San, kleine Rosenknospe zwischen Dornen,

hallo! Ich freue mich, Deine Stimme wieder zu hören. Was für ein Energiebündel Du bist! Dir gegenüber sind wir alle lahme Enten! Du hast eine schier unerschöpfliche Energie, bist klug, hast Köpfchen, echtes Engagement etc. Ich weiß nicht, wie Du das alles schaffst. Japaner gehen nicht, sie rennen, Japaner arbeiten, sie schlafen nicht. Japaner nutzen jede Chance und träumen nicht. Sydney Omarr warnte mich gestern abend, ich solle mich schonen, nicht zu viele Projekte in Angriff nehmen, da Saturn im Widder steht, meinem Aszendenten (und auch Deinem, glaube ich). Saturn läßt Dich hart arbeiten und schwächt Deine Kraft. Wenn ich also nicht aufpasse, könnte ich im Oktober tot sein. Henry-San will noch nicht sterben — wird acht geben und sei es nur, um noch etwas mehr von seiner Hoki-San zu haben. Hatte einen lustigen Abend mit der Millionärin, die nicht so häßlich ist wie behauptet. Sie ist eine meiner glühendsten Verehrerinnen. Nächste Woche kocht sie für mich. Und was das Geld angeht — wir haben im La Dolce Vita gegessen — Bob, Omarr, Joe Gray, George Raft und ich. Diese Frau — Ricky Dupont — kennt Dich vom Imperial Gardens. Sie schwärmte von Deiner Schönheit, Deinem Klavierspiel, Deinem Gesang. Sie wußte damals nicht, daß ich Dich kannte. Sie hat Dir geraten, einen wunderbaren jungen Mann zum Heiraten zu suchen, und Du hast ihr geantwortet: »Ich möchte einen alten Mann heiraten!« (Sie ist groß und blond. Hat japanische Freunde.) Kein Einkommenssteuerbescheid — vielleicht morgen. Ich hoffe, Dein Auftritt in Osaka ist erfolgreich. Osaka ist keine so hübsche Stadt, oder? Dieser Brief erreicht Dich hoffentlich in Tokio, wenn

Du von Deiner Rundreise zurückkommst. Ich vermisse Dich immer mehr. Vielleicht leihst Du Dir ein gutes Klavier, wenn Du zurück bist, ja? Bald mehr.

Henry-San

PS. Du hast in einem Deiner Briefe einen reizenden Fehler gemacht, hast mich gebeten, ein *lilic* für Dich zu schreiben, statt einem *lyric* (engl. für Liedtext). Mein israelischer Schwager wird *Lilik* genannt. Ha, ha! Bitte, gib Puko einen freundlichen Klaps auf den Po (von mir)!

Freitag, den 17. Mai 1968

Liebe Hoki Mysteriosa Cantabile,

immer noch kein Brief von Dir, und ich frage mich, ob Dir etwas zugestoßen ist. Bist Du vielleicht im Krankenhaus, oder wurdest Du bei dem Erdbeben verletzt? Falls Du nicht schreiben kannst, schick mir doch bitte ein Telegramm!
Nobuko rief mich gestern an, um mir mitzuteilen, daß ihr Visum um weitere sechs Monate verlängert wurde; offiziell ist sie bei uns zu Besuch. Erst jetzt hat Gerald die Chance, seine Arbeitserlaubnis zu bekommen; sein erster Antrag wurde abgelehnt, »weil er keinen Universitätsabschluß hat«, stell Dir das vor! Offiziell gilt er jetzt als mein Krankenpfleger und Diener, da ich zu alt und schwach bin, um allein hier zu leben. Auch er lebt angeblich bei uns.

Der Ausschnitt über den Schriftsteller Oë stammt aus der Evergreen Review Grove Press. Wenn ich mich nicht täusche, schrieb er das Vorwort zu meinem Album, das Kawade veröffentlicht. Fällt Dir der Unterschied auf zwischen seiner Art zu schreiben und der von Mishima? Ich möchte schrecklich gern wissen, ob Kawade trotz finanzieller Probleme das Album herausgebracht oder zumindest gedruckt hat — die normale Ausgabe, wenn schon nicht die Luxusausgabe. In dem Ausstellungskatalog wird es mit Preisangabe angekündigt. Wir haben versucht, Grove Press in N. Y. dazu zu bringen, dieses Album mit einem englischen Text herauszubringen und ich habe dies auch vor einiger Zeit Kawade geschrieben. Doch weder Grove noch Kawade hat darauf reagiert. Ich habe heute erneut an Grove geschrieben und betont, daß jetzt wahrscheinlich ein günstiger Zeitpunkt für so ein Arrangement mit Kawade ist — vielleicht nützt es. Wenn Oës Vorwort zu dem Album übersetzt werden muß, könnte dies ja eventuell Oë selbst übernehmen??? Mit meinem letzten Brief schicke ich Dir den Brief von Jin und meine Antwort. Es sieht ganz so aus, als ob meine Ausstellungen in Sendai endeten. Bevor ich etwas unternehme, warte ich Jins Antwort ab. Ich habe mir folgenden Vorschlag überlegt: Er soll die restlichen Gemälde einem Sammler anbieten — nur *einem* — und nicht zu einem reduzierten Preis, sondern zu einem höheren, als den von mir angegebenen. Meine Überlegung ist, wie ich Dir ja bereits sagte, daß jetzt der richtige Zeitpunkt für einen gewitzten und klugen Kunsthändler ist, meine Arbeiten zu kaufen. In fünf bis zehn Jahren macht er ohne Frage ein gutes Geschäft mit dem, was er heute kauft. Und wenn ich früher sterben sollte, steigen seine Aussichten auf Profit sogar noch. Da die Japaner angeblich so gute Geschäftsleute sind, hat mein Vorschlag Hand und Fuß. Wenn Mr. Jin dazu nicht in der Lage ist, könnte man ja eine Anzeige in einer guten japanischen Zeitung aufgeben. Was meinst Du?

Da wäre noch etwas . . . Mr. Kubo sollte mir mitteilen, ob ich in Japan hergestellte Farblithographien meiner Aquarelle (nur ein oder zwei für den Anfang) bekommen und hier verkaufen könnte. Er hat mir nie darauf geantwortet. Gestern habe ich ihm wieder geschrieben und ihn daran erinnert. Ich habe ihm angeboten, den Vertrieb zu übernehmen und so eine Provision zu bekommen.

Glaubst Du immer noch, Du könntest einige der Aquarelle an Deine Freunde verkaufen — zu den Preisen, die ich dafür verlangt habe? Ich vermute, Mr. Jin kauft keines für sich selbst. Heute habe ich ihm per Luftpost ein kleines Aquarell mit persönlicher Widmung geschickt. Ich glaube, es wird ihm gefallen. Ich habe kein Foto davon gemacht, weil Connie ihre Kamera nicht hier hatte. Wenn Du oder er mir ein Foto oder das Negativ davon schicken könntet, würde ich mich sehr freuen.

Joe Gray hat eine weitere Bitte an Dich, aber nur, wenn Du die Zeit dafür hast. Er hätte gern zehn von diesen kurzen japanischen Vorhängen, die man über den Türeingang hängt — Du hattest sie in Deiner alten Wohnung — ich glaube, sie heißen Noren. Du brauchst sie nicht mitzubringen, schick sie per Post. Wenn Du der Meinung bist, daß er sie in Klein-Tokio für den gleichen Preis bekommt, kauft er sie dort. Laß es uns bitte wissen. Heute abend sehen wir uns die Endfassung des chinesischen Films von Miss T'ang an. Untertitel in Englisch, dank Henry Miller. Das Buch, nach dem ich Dich gefragt hatte, »Five Women who loved Love« bekomme ich von Tuttle aus ihrer Niederlassung in Vermont. Playboy hat mich gebeten, den Artikel umzuschreiben, den ich ihnen geschickt hatte, und vorgeschlagen, einige bekannte Autoren erotischer Werke wie Casanova, Aretino und Restif de la Bretonne einzubeziehen. Ich mußte mich durch acht Bände durchkämpfen! Und dann stieß ich, wie durch ein Wunder, auf ein Buch, das ich seit 25 Jahren su-

che — und das jetzt bei Grove Press erschienen ist! Dieses Buch ist großartiger als alle anderen. Mit großartiger meine ich: aufrichtiger, lockerer, ehrlicher und mehr Omanko, Bobo und all die anderen Dinge, die zu einem guten Sexpudding gehören. Es heißt »My Secret Life«, der Autor ist unbekannt. Ursprünglich waren es 12 Bände, und Grove hat sie in einem großen Band für 35 Dollar herausgebracht. Ich bekomme ein Freiexemplar. Somit habe ich eine komprimierte Version. Etwas Vergleichbares habe ich noch nie gelesen. Wenn es von einem japanischen erotischen Künstler illustriert wäre, wäre jedes Exemplar tausend Dollar wert. Ich lese immer ein paar Seiten vor dem Einschlafen. Dann falle ich von einem Traum in den anderen, und wenn ich aufwache, fühle ich mich wie ein nasser Lappen. Empfiehl es Deinen japanischen Freunden. Zudem ist die Sprache relativ einfach. Nicht wie das Alexandria Quartett. Oë würde es wahrscheinlich verschlingen. Und Puko, wenn es in Japanisch wäre. Doch vielleicht gibt es schon eine japanische Fassung, wer weiß?
Das ist alles für heute. Bitte, schreib mir, ob es Dir gut geht.

Dein Cocorico
Henry-San

PS. Hast Du zufällig ein paar alte Benny-Goodman-Platten in Deiner Sammlung? Ich habe eine ganz großartige auf Band gehört und hätte jetzt gern die Platte. Außerdem bin ich auf der Suche nach »Fado«-Platten — das sind portugiesische Lieder, sehr melancholisch und dramatisch. Nicht vergleichbar mit Flamencomusik.

Abends — 20. Mai 1968

Liebe Hoki-San,

bekam heute morgen Deinen Eilbrief und war froh, endlich von Dir zu hören. Mir wird klar, wie beschäftigt Du sein mußt, und ich habe manchmal Gewissensbisse wegen all der Dinge, um die ich Dich bitte. Dein Englisch ist jetzt recht gut. Die Fehler, die Du machst, sind bezaubernd — wie »earthquige« statt »earthquake« (Erdbeben) oder »Der Zug muß schnell langsam fahren« statt »langsamer fahren«. Egal, ich finde Dich wunderbar!

Puko soll nicht zu lange in Tokio bleiben. Tony kommt am 21. Juni und hat wahrscheinlich nur zwei Wochen Urlaub statt einem Monat. Ich wünsche ihm ganz viel guten bobo*, bevor er in die Kaserne zurück muß.

In meinem heutigen Telegramm bat ich Dich eindringlich, die Nachrichten aus Frankreich zu verfolgen. Die Lage dort ist sehr ernst. Wie am Vorabend einer Revolution. Ausländer sind nicht willkommen — insbesondere Amerikaner. Ich weiß, Du willst unbedingt reisen, die Welt sehen, doch ab Juni ist das Klima im Mittleren und Fernen Osten schlecht. In Hongkong wird das Wasser knapp sein, und es besteht die Gefahr einer Choleraepidemie. Die Hitze wird sehr groß sein — hohe Luftfeuchtigkeit. Im übrigen lernt man die Welt nicht kennen, wenn man von einer Stadt in die andere fliegt und jedesmal nur ein bis zwei Tage bleibt. Du bist jetzt erst 35 (oder bald) — hast noch viel Zeit vor Dir. Mit 45 oder 55 bist Du immer noch jung und schön, vielleicht sogar noch mit 65!!! (Bekam gerade einen netten Brief von Prof. Okamura. Er schrieb mir, daß er Dich im Fernsehen gesehen hat und von Deiner »unerklärlichen und geheimnisvollen Schönheit« fasziniert war. Na also!!) In Deinem Brief schreibst Du, die Leute trauten Mr. Jin nicht. Und Dein Vater mache sich seinetwegen Sorgen. Ich frage mich, was er angestellt hat? Traust *Du* ihm auch nicht? Es trifft mich immer, wenn ich höre, daß jemand das Vertrauen zu jemand anderem verliert. Entweder man vertraut jemandem völlig oder nicht. Wenn jemand unehrlich ist und mich betrügen will, kann ich ihn nicht davon abhalten. Der magere Erfolg der Ausstellungen bedeutet für mich eine größere Enttäuschung, als wenn Mr. Jin mein Geld gestohlen hätte.

Mr. Kubo hat mir per Post einen Satz Lithographien geschickt. Der andere ist noch nicht eingetroffen. Ich finde die Lithos nicht besonders gut — schlechte Wiedergabe — billige Arbeit. (Habe nur »The Clown« gesehen, nicht den »Masked Head«, von dem Du mir geschrieben hast.)

Zu Deiner Operation — merkwürdig, daß Du danach 2 bis 3 Wochen lang nicht singen kannst! Weißt Du, daß in Belgien die Singvögel die Augen durchbohrt bekommen (geblendet werden), damit sie besser singen? Vielleicht solltest Du Dich hier in L. A. operieren lassen. (?)

Bekam gerade das Buch Ihara Saikaku — »Koshoku gonin onna«**. Ich werde heute nacht anfangen zu lesen. Ich hoffe, inzwischen hast Du meinen Liedtext und den Bonnie-and-Clyde-Artikel erhalten sowie viele andere Dinge. Heute kam ein Telegramm aus Brasilien. Es gibt eine Möglichkeit, die Oper von »The Smile« zu inszenieren. Ich hoffe, daß Tomoko in Japan einen Dirigenten findet, der die Inszenierung übernehmen möchte.

Ich kann nicht verstehen, wie unsere Einkommenssteuererklärung auf dem Weg zu Silverman verlorengegangen sein soll, da ich sie *per Einschreiben* geschickt habe. Daran siehst Du, wie schlecht unser Postsystem ist. Doch wenn Du die Kopie unterschreibst, die er schickt, ist das okay.

Soviel zum geschäftlichen Teil! Uff! Ich erzählte Val, was Du über sie geschrieben hast, und sie hat über das ganze Gesicht gestrahlt. Ich komme jetzt viel besser mit ihr zurecht. Sie wird erwachsen. Sie hört mir jetzt zu — sieht in mir nicht mehr ihren Vater, sondern den Schriftsteller und Denker, der ich bin. Bevor Du zurückkommst, fährt sie nach Aspen zurück — es ist besser so —, aber sie war sehr froh zu wissen, daß Du nichts dagegen hättest, wenn sie bliebe. Es ist schön, wenn sie ab und an zu Besuch kommt, aber besser, wenn sie nicht ständig hier wohnt. Ich möchte mit Dir und nur mit Dir leben. Wir haben ja noch gar nicht richtig angefangen, zusammen zu leben, oder? Ich denke immer daran, wie es sein wird, wenn Du zurückkommst. Wirst Du Nacht für Nacht wie eine Antilope herumsausen oder . . .?

Seit Du in Japan bist, bekomme ich ständig Anrufe von Frauen, die sich mit mir treffen möchten. Sie scheinen zu riechen, daß Du fort bist und Dir völlig egal ist, was ich tue. Alle fragen mich, ob ich wirklich glücklich mit Dir bin? Ich sage ja, doch sie glauben mir nicht. Ständig sind Gerüchte im Umlauf, es sei für Dich nur eine Vernunftheirat gewesen. Einige vermuten, daß Du heimlich Liebhaber hast — *hier und in Japan!!!!* Meine Antwort lautet, daß ich Dich liebe, egal ob Du mich nun liebst oder nicht. (Aber ich werde ihnen nie erzählen, daß meine Frau nichts von Liebe hören will.)

* Sex

** »Five Sensual Women«

Und das erinnert mich an Deinen Brief, daran, daß Du schreibst, meine Briefe gefallen Dir, weil sie lustig sind. Ich bin wohl ein echter Clown! Während ich Lustiges sage, bricht mir vielleicht das Herz. Ich warte immer darauf, daß Du ehrlich, von ganzem Herzen, sagst: »Henry-San, ich liebe Dich, ich liebe Dich wirklich.«

Und solange ich das nicht von Deinen süßen Lippen höre, leide ich, und nichts, was ich im Leben vollbracht habe, hat wirklich Bedeutung für mich. Den Nobelpreis zu bekommen, würde mir gar nichts bedeuten. Mir ist einzig und allein wichtig, ob Du mich liebst, es mir mit Worten und Taten zeigst. Aus diesem Grund sage ich oft, es ist mir gleichgültig, ob ich morgen sterbe. Doch es wäre mir *nicht* egal, wenn ich mir Deiner Gefühle sicher wäre. Versteht meine Hoki-San?
Meine liebe Frau, ich könnte Dir die ganze Nacht schreiben. Aber manchmal habe ich den schrecklichen Verdacht, daß Du meine Briefe nicht ganz liest, Dich dabei langweilst oder auf dem Sprung bist, irgendwohin zu gehen. Ich würde etwas darum geben, Dir über die Schulter sehen zu können, wenn Du meine Briefe liest! Dein Gesicht studieren zu können, zu erfahren, was in Dir vorgeht! Ich wünsche mir so sehr, daß Du glücklich bist, glücklich und zufrieden (ohne verwöhnt zu sein). Du bist jetzt ein zu großes Mädchen, zu sehr Frau, um ständig verwöhnt werden zu wollen. Ist das nicht so? Wenn Gott (oder wer immer) morgen zu Dir sagen würde: »Hoki-San, Du kannst alles haben, was Du willst«, würde Dich das glücklich machen? Oder hättest du genügend Einsicht, um zu wissen, daß Du nicht alles haben mußt? Würdest Du dann antworten: »Lieber Gott (oder wer immer), ich danke Dir sehr, aber ich bin glücklich mit meinem jetzigen Zustand. Gib Deine Reichtümer jemandem, der sie braucht!«
Genug! Ich rede schon wie der Bodhidharma oder Gott Krishna, dabei bin ich doch nur Tiny Tim, der Junge aus Brooklyn, der sich in seine Seelenfreundin verliebt hat, die aus Shizuoka, die über Tokio ins Imperial Gardens nach Hollywood kam. Ich segne und liebe Dich.

Henry-San

Samstag, 25. Mai 1968

Liebe Hoki Bellissima!

Die letzten drei Fotos, die Du geschickt hast, sind wahrhaft überirdisch! Ist es möglich, daß ich eine so schöne Frau habe? Besonders Deine Augen sind so verträumt, so sanft und seelenvoll, und Dein Mund ist einfach vollkommen. Dein Gesicht sieht schmaler aus, gut, und die Frisur steht Dir hervorragend. Bravo! Komm so heim, und ich bin Dein ergebener Sklave. (»anata no hitomini niji O mita«.)
Noko hat mich besucht, mit einer Freundin aus Hawaii — Mary Harimoto (?). Sie erzählte, als sie das Visum verlängern ließ, habe man sie gewarnt, auf keinen Fall zu arbeiten. Ich habe ihr vorgeschlagen, so bald wie möglich zu uns zu ziehen. Aber sie hat sich gerade die Wohnung in S. Elden genommen, wohnt jetzt in Apartment Nr. 1, also . . .? Falls sie bei der Arbeit erwischt wird, ist das fatal für mich. Gegen ein Uhr morgens rief mich Mr. Jins Sekretärin aus Tokio an, um mir zu sagen, daß Mr. Jin 3.960 Dollar auf mein Konto überwiesen habe. Das ist das Geld, das sie bis jetzt eingenommen haben. Seltsam, daß sie mich um diese Zeit anrief, um mir das zu sagen. Mr. Jin schenkt mir außerdem 1000 Kataloge. Ich überlege, wie ich sie verkaufen kann, vielleicht für zwei oder drei Dollar pro Stück.
Val ist gestern weggefahren. Sie hat noch nie hübscher ausgesehen und war noch nie so angenehm. Wir sind wirklich wunderbar miteinander ausgekommen. Sie ist jetzt sanft und freundlich und lächelt glücklich — genauso war sie als kleines Mädchen. Sie bat mich, Dich zu grüßen, und dieses Mal bin ich sicher, daß es ehrlich gemeint war. Sie fragte, ob Du französisches Parfüm mitbringen

könntest, eine Zwei-Unzen-Flasche. Es heißt Envol und ist von Lancôme — sie meint, es wäre in Japan billiger. Wenn Du keinen Platz für all die Geschenke hast, die Du mitbringst, vergiß es, und ich besorge das Parfüm. Aber ich werde ihr sagen, Du habest es aus Tokio mitgebracht.

Val hat einen ganzen Schrank voll guter Kleidung, die sie nicht mehr will. Falls Du jemanden kennst, der ihre Größe hat, sehr arm ist und die Sachen zu schätzen weiß, laß es mich wissen. Ich möchte sie nicht der Heilsarmee schenken.

Habe Deinen langen Eilbrief bekommen und mich über all die Neuigkeiten gefreut, besonders was Deine Songs betrifft. Joe war gerade hier, ich habe ihn wegen des Bossa Nova gefragt, und er meinte, der sei hervorragend, genau das, was ihm gefällt. Ich kann mir vorstellen, wie schwer es für Dich war, meinen Song zu übersetzen. Wenn Du wieder hier bist, wird es uns bestimmt gelingen, gemeinsam schnell ein paar Lieder zu Papier zu bringen. Es wäre wunderbar, wenn Du die Musik schreiben könntest, statt dies einem Komponisten zu überlassen. Ich habe mich jetzt mit Mr. Kaper angefreundet, der viel Filmmusik macht, speziell Lieder. Nächste Woche kommt er zum Essen und zum Tischtennis zu mir. Falls wir Hilfe oder Ideen brauchen, könnte er uns bestimmt helfen. Er ist ein guter alter Freund von Mr. Gimpel und ein amüsanter Mann. Habe ich richtig verstanden, daß die Platten, die Du gerade aufnimmst, sowohl in Amerika als auch in Japan verkauft werden? Wie läuft das? Sind die Platten zweisprachig oder? Deine Tantiemen (15%) sind sehr gut — ungewöhnlich. (Ich habe Dir per Eilboten meinen handgeschriebenen Song geschickt, um den Du mich gebeten hast.) Lustig die Geschichte mit der »Gartentür«. Als ich Dir den Liedtext geschickt hatte, wollte ich Dir sagen, daß Du den Ausdruck durch ein anderes Wort ersetzen kannst, habe es aber schließlich vergessen. Ich kam darauf, weil Du, als ich Dich das erste Mal bei den Siegels sah, durch das Gartentor gekommen bist. (Es war *keine* Tür.) Weißt Du, daß Du jetzt viel schöner und jünger aussiehst, als damals, als ich Dich kennenlernte? Worin liegt das Geheimnis? Ich glaube, die Art, wie Du auf den Fotos die Haare frisiert hast, bringt Deinen Kopf viel besser zur Geltung. Erinnerst Du Dich: Als Du Dir vor Deiner Frankreichreise die Haare hast schneiden lassen, habe ich Dir gesagt, daß Du so viel attraktiver aussiehst. (Auch Puko sah auf dem Foto von Euch beiden fabelhaft aus.) Die einzigen Fotos von Dir, die mir nicht so gefallen, sind die in dieser Zeitschrift, wo Du im Bikini posierst. Es wäre besser, wenn Du ganz nackt gewesen wärst. Das Bikinioberteil zerstört das ganze Sexappeal. Außerdem siehst Du zu »spröde« aus. (Dieses Wort mußt Du im Wörterbuch nachschlagen, bitte.) Die Nachricht, daß keine weiteren Ausstellungen stattfinden, war nicht so welterschütternd für mich. Die Wahrheit ist, daß ich daran schuld bin! Doch ich finde, daß Du trotzdem Dein Bestes getan hast, und bin Dir von Herzen dankbar. Ich bin gespannt, was Du mir vom wahren Mr. Jin berichten kannst, wovon er lebt etc. Ich bin froh, daß Du nicht wütend bist (weder auf ihn noch auf sonst jemanden), sondern freue mich, daß Du weißt, wie das Leben dort ist, auch wenn es schrecklich ist. So ist die Welt fast überall — zumindest überall dort, wo Geld zählt.

Dir gefallen also *Modiglianis* Gemälde? Du weißt, daß er auch Akt gemalt hat? Aber all seine Frauen haben diese langen Hälse — ziemlich stilisiert. Er hatte ein schreckliches Leben — ich weiß alles über ihn und sein Werk.

Der Mann, der mein Stück auf die Bühne bringt, schrieb mir, es bestehe die Möglichkeit, daß die Theatergewerkschaft in N. Y. etwas tun könnte — mit ihren Mitgliedern. Wenn ich Dich sehe, er-

kläre ich es Dir ausführlicher, aber es hört sich verheißungsvoll an. Das Stück wird nicht vor September auf die Bühne kommen, aber jetzt in einer größeren und besseren Aufführung.
Übrigens, wenn Mr. Jin mir noch Geld schuldet, soll er es mir bitte direkt schicken. Sagst Du ihm das? Ist besser für meine Buchhaltung. Überzeug Dich, daß die Nummern und Daten der verkauften Gemälde richtig sind. Es ist sehr nett von Deinem Vater, daß er drei Gemälde von mir kaufen möchte. Aber kann er es sich auch leisten? Laß es nicht zu, wenn er uns damit nur helfen will. Wenn sein reicher Freund etwas kaufen will, habe ich nichts dagegen.
Ich muß mir jetzt etwas zu essen machen. Habe noch viele Reste. Nächste Woche sehe ich mir Saichyos Kampf an.
Nun weiß ich, wie man dieses Nam richtig schreibt . . . So: »Namu myo horen gekyo!« Sag es fünfzigmal am Tag. Es bringt mir wirklich Glück! Das Beste, was es mir bringen kann, bist *Du* (mit einem Regenbogen in Deinen Augen).
Und das wär's für heute. Paß gut auf Dich auf. Komm gesund nach Hause und sieh aus wie die geheimnisvolle Prinzessin aus dem Land der aufgehenden Sonne, die Du bist. Ich liebe Dich.

Henry Sancho Pansa

Ich danke Dir, daß Du mich immer »Darling« nennst — ich meine »Heiliger«.

Am 14. Juni 1968 kehrte Hoki zu Henry nach Pacific Palisades zurück. Er schrieb ihr erst wieder, als sie im September des gleichen Jahres erneut nach Japan reiste.

8. September 1968

Liebe Hoki-San,

in zwei Tagen haben wir unseren ersten Hochzeitstag. Herzlichen Glückwunsch! Hast Du nicht Glück gehabt, einen Mann wie Henry Miller zu finden? Nun lassen wir uns überraschen, ob wir das zweite Jahr überstehen. In der ersten Runde (um die Boxersprache zu gebrauchen), tastet man den anderen erst einmal ab. Keine harten Schläge, kein K. O. Nur Sparringskampf! Vielleicht wird die zweite Runde aufregender. Was glaubst Du?
Neulich habe ich Saichyo (Boxer) beim Training zugesehen. Wir haben uns gemeinsam fotografieren lassen für ein japanisches Sportmagazin. Vielleicht siehst Du es.
Neulich rief um vier Uhr morgens ein Freund von Dir (ein Amerikaner) viermal hintereinander Puko an. Er war voll wie eine Haubitze und weigerte sich, seinen Namen zu nennen. Dann drohte er, vorbeizukommen — was ihr Angst machte. Ich holte meine scharfe Machete heraus, für den Fall, daß er die Tür einschlagen würde. Aber er kam nicht. Am nächsten Tag rief er an und entschuldigte sich. Hier gibt es sonst nichts Neues. Wir verbringen eine gute Zeit miteinander. Dein Brief aus Tokio ist angekommen, und ich bin froh, daß alles gut läuft. Halte mich auf dem laufenden.
Und bitte frag Tomoko, wohin sie meinen Text geschickt hat (den aus dem Holiday-Mag.). Ist er angenommen worden oder nicht?
Ich muß jetzt aufhören. Ein Freund möchte mit mir zum Dinner gehen. Bald mehr!

In Liebe
Henry-San

Cuando Merda Tivev Pobre Nasco Seur Cu

Oktober 1968

Liebe Hoki-San, Sama, Samadhi und kostbare Omanko:

Freute mich so sehr über Deine beiden Briefe heute morgen. Habe sehr lange darauf gewartet. Heute abend — demnächst — versuche ich wieder, Dich telefonisch zu erreichen. In Tokio dürfte es dann zwischen zehn und zwölf Uhr morgens sein. Ich wußte nicht, daß Du deprimiert warst und es Dir deswegen schlecht ging, sonst hätte ich eher und öfter geschrieben. Um ehrlich zu sein, ich war sauer auf Dich, weil Du mir nicht geschrieben hast, obwohl auch ich Dir nicht geschrieben hatte. Doch wie ich Dir in meinem letzten Brief bekannt habe, ist dieses Spiel idiotisch, meinst Du nicht auch? Wenn Du heimkommst, müssen wir mehr zusammenwachsen. Ich brauche Dich genauso sehr, wie Du mich brauchst — *oder brauchst Du mich nicht?* Oft machst Du diesen Eindruck auf mich. Puko hat versucht, mir Dein Verhalten zu erklären, und ich glaube, ich verstehe jetzt besser, woher unser Problem rührt. Ich vermisse Dich sehr, auch wenn ich in unserem ersten Ehejahr nicht viel von Dir gehabt habe. Doch glaube bitte nicht, daß Du für mich interessant bleibst, wenn Du Dich so verhältst. Ganz im Gegenteil. Bleib in meiner Nähe, zeig mir echte Zuneigung, und Du bedeutest mir mehr, als Du Dir je erträumt hast. Doch vorerst genug davon . . .
Ich schreibe Dir morgen wieder, da ich heute in Eile bin. Ich lege Dir einen Scheck (vom Staat Kalifornien) über eine Rückzahlung unserer Einkommenssteuer bei. Bitte setz Deinen Namen unter meinen (wie auf dem Scheck angegeben) und schick ihn *per Luftpost und Einschreiben* zurück.
Puko hat gut auf mich aufgepaßt, und gibt mir jetzt die lang versprochene Massage, die wirklich wunderbar ist. Ich fühle mich wie

ein neuer Mensch. Wie du ja weißt, fliegt sie am 15. nach Europa und wird drei Wochen dort bleiben. Ich werde sie vermissen. Sie hat einen wunderbaren Charakter, eine schöne Seele. Ich glaube, es ist ein großes Kompliment für Dich, daß Du einen so wunderbaren Menschen zur Freundin hast.

Mr. Yoko war neulich hier und erzählte, daß er Dich fast täglich gesehen hat, Du Dich gut amüsierst und Deine im Radio gesendeten Songs ein Hit sind. Er ist ein seltsamer Mensch, oder? Eine Mischung aus kleinem Jungen und weisem altem Mann, mit einer seltsamen Melancholie. Er kleidet sich außerdem wie ein Dandy. Ganz intuitiv wurde mir einiges über ihn und seine Kindheit klar, ich habe es ihm gesagt und Prognosen über seine Zukunft angestellt.

Puko traf wieder John Drury und ging mit ihm und Mako in die Studios. Er ist ein sehr netter junger Mann, aber etwas zu einfach, zu naiv und jungenhaft für Puko. (Ich hoffe, sie verliebt sich nicht in George G. oder heiratet ihn, es sei denn, sie heiratet ihn, um in Amerika bleiben zu können). Wir haben uns auch mit ihrem Anwalt getroffen und danach beschlossen, nichts zu unternehmen — alles zu kompliziert und riskant. Sie besitzt ja ein Mehrfach-Visum und kann bis 1971 zwischen Japan und Amerika hin- und herreisen, so oft sie will. Weshalb also sich unnötig Sorgen machen? Bis dahin hat sie vielleicht jemanden gefunden, den sie wirklich heiraten möchte. Okay? Übrigens hat sie vor kurzem angefangen, in Öl zu malen, und die drei Porträts, die sie gemacht hat, sind meiner Meinung nach einfach wunderbar. Ich hoffe, sie pflegt die Malerei weiter. Sie hat großes Talent, und das meine ich ehrlich.

Ach ja, jemand hat mir ein Interview mit Dir zukommen lassen, das in einer Frauenzeitschrift erschienen ist. Ich warte immer noch darauf, alle Einzelheiten übersetzt zu bekommen. Es waren Fotos

dabei, die Dich einmal im Pyjama am Klavier zeigen und einmal im Badeanzug — zumindest sah das so aus. Sehr spröde.
In diesem Artikel wirst Du zitiert mit dem Satz, Du würdest Dir nichts aus Männern machen, sie nur als »Begleiter und Sponsoren« ansehen. Ha ha! Und dann steht da noch Unsinn darüber, weshalb Du mich geheiratet hast. Wahrscheinlich eine Erfindung des Verlegers.
Am Samstag war Tom Smothers von den Smothers Bros. hier, und wir hatten viel Spaß miteinander — Tischtennis und so weiter. Puko schien ihn sehr zu mögen. Er ist ein sehr ernsthafter junger Mann und eigentlich nicht sonderlich lustig, zumindest privat. Ich habe einen kurzen Auftritt in seiner Show — aber wir werden ihn im Studio aufzeichnen und nicht live machen. Gestern abend waren wir essen mit Johnny Robinson (!) und seiner Freundin Ray, die Du ja aus Tokio kennst. Wenn ich das richtig verstanden habe, war sie früher Stripteasetänzerin. Kein übles Mädchen — oder Frau. Hat sich freundlich nach Dir erkundigt. Johnny sieht älter aus — wie ein erloschener Vulkan, ist aber ganz Gentleman. Ich habe ihn völlig für mich eingenommen, weil ich seine Großzügigkeit und Freundlichkeit gepriesen habe. Inzwischen bin ich überzeugt, daß er ein wohlmeinender Mensch ist und nicht so, wie ich ihn anfangs einschätzte.
Hoki, versuch doch bitte, wenn es geht, noch ein paar Exemplare der beiden Bücher aufzutreiben, die Du mir aus Japan mitgebracht hast. Ich habe den Verlegern wegen Exemplaren geschrieben, aber sie haben nie geantwortet. Der einzige Japaner, der sofort antwortet, ist Kubo, er sei gepriesen.
Wenn Puko heute nach Hause kommt (sie ist mit Jerry Ray unterwegs), werde ich sie bitten, den Artikel aus dem Holiday Mag. zu suchen. Wenn sie ihn nicht findet, schicke ich einen anderen. Bitte

laß mich wissen, welcher Zeitschrift Du ihn anbietest, ja? Und nun muß ich aufhören. In ein paar Stunden höre ich hoffentlich Deine Stimme durchs Telefon. Ich hoffe, es geht Dir gut, und Du bist jetzt glücklicher — und hast Dir keine Lungenentzündung im Fluß geholt. (War es ein echter Fluß oder ein künstlicher?)
Und jetzt grüße ich Dich ganz lieb. Schreib mir, wann immer Du kannst, und ich werde nicht aufhören, Dir zu schreiben. Wenn Du schon weißt, wohin ich Dir nach dem 13. schreiben kann, dann laß es mich wissen. Du bist immer in meinem Herzen.

Henry-San

PS. Wenn Du Dich das nächste Mal beim Duschen fotografieren läßt, dann laß bitte das Handtuch fallen!!!!

15. Oktober 1968
(ein Uhr morgens)

Liebe Hoki-San,

ich gebe diesen Brief Puko mit, damit sie ihn vor ihrem Abflug nach Europa am Flughafen aufgeben kann. Ich werde sie vermissen. Und es tut mir leid, daß sie von einem so unerträglichen Langweiler wie diesem G. begleitet wird. Ich kann diesen Mann nicht ausstehen. Er würde mich in kürzester Zeit wahnsinnig machen. Wir sind einmal abends mit ihm essen gegangen, und es war eine Qual — ich konnte nicht schnell genug nach Hause kommen. Ich hoffe, Du bekommst diesen kurzen Brief, wenn Du am 20. in Tokio

Station machst. Seit unserem Telefongespräch habe ich keinen Brief mehr von Dir bekommen, und ich muß unbedingt wissen, wie es Dir geht. Ich finde, Tomoko ist eine Verrückte ohne jedes Verantwortungsgefühl, wenn sie zuläßt, daß Du arbeitest, obwohl es Dir schlecht geht. (Ganz besonders Dein Bad im Fluß.) Auf mich wirkt sie genauso übel wie ein Hollywoodagent. Oder noch schlimmer. Hat sie denn überhaupt kein Herz? Heute war Nobuko hier und fragte mich, ob sie bis zu ihrer Abreise nach Japan bei uns wohnen könne — ihre Mitbewohnerin ist ausgezogen, deshalb mußte sie die Wohnung aufgeben. Natürlich habe ich ja gesagt. Jetzt frage ich mich, ob Du wohl Deine jüngste Schwester mitbringst?

Wir benutzen Deinen Jaguar nur, um in der Nähe Einkäufe zu machen. Längere Fahrten sind zu riskant, weil er stark leckt. Zudem sagt Puko, Deine Versicherung gelte nur für Dich als Fahrerin und sonst niemanden. Es ist also besser, wir lassen ihn in der Garage stehen, bis Du zurückkommst und ihn verkaufst.

Heute abend hat mir Puko erzählt, daß Du trotz all der Arbeit, die Du leistest, nicht viel verdienst. Das tut mir leid für Dich — soviel Zeit-, Geld und Energieverschwendung!

Gestern erhielten wir Dein Paket mit Tabletts und Tellern und mehreren Stapeln unschuldiger Fotos — »My Darling«. Sind die für mich gedacht oder für Tony? (Oder vielleicht Joe Gray, he?) Ich warte so sehr auf ein Foto von Dir in Deinem Geburtstagskleid, wenn Du weißt, was ich meine. Enttäusche mich nicht!

Habe gerade ein weiteres Interview mit Dir in einer japanischen Frauenzeitschrift gelesen. Immer dieselbe alte Geschichte, he? Aber Du hast etwas gesagt, das mich aufhorchen ließ, nämlich, daß östliche und weiße Partner sich etwas vormachen, wenn sie in dem anderen nach einem »Geheimnis« suchen. Das einzige Geheimnis ist das, das wir uns selber schaffen. Und doch — wenn man ernsthaft darüber nachdenkt, ist *alles ein Geheimnis,* sogar ein Grashalm. Wir wissen nicht, wie oder weshalb etwas existiert, obwohl wir uns mit unseren weitschweifigen wissenschaftlichen, metaphysischen, kosmologischen, religiösen oder sonstigen Erklärungen für sehr schlau halten. Stimmst Du mir zu? Selbst wenn Du also nicht so geheimnisvoll bist, wie ich geglaubt habe, so bist Du doch immer noch ein Geheimnis (und Henry-San genauso, nicht zu vergessen!). Das Seltsamste daran ist: Auch wenn wir den anderen nicht mehr geheimnisvoll erscheinen, bleiben wir doch für uns selbst ein Geheimnis. Uff! Laß uns von etwas anderem reden . . .

Wichtig ist: Vermißt Du mich so sehr wie ich Dich? Mit wem warst Du gestern beim Lunch? Wie viele neue Kleider hast Du gekauft? Ist das Toilettenpapier immer weich und samtig? Nimmst Du zu oder ab? (Puko hat gerade entdeckt, daß »slim« nicht nur schlank heißt, sondern auch »knapp«). Ihr Englisch hat sich übrigens seit Deiner Abreise deutlich verbessert.

Es sieht ganz so aus, als kämt ihr, Du und Puko, zur gleichen Zeit zurück, vielleicht sogar am gleichen Tag. Und falls Nobuko und Deine andere Schwester dann auch hier sind, habe ich einen regelrechten Harem. Ich werde ein paar junge Rammler auftreiben müssen, damit ihr alle glücklich und befriedigt seid, oder? Und nun schlafe und träume ich. Ich werde versuchen, Dir im Traum zu begegnen, auch wenn ich nicht weiß, wo Du bist. Aber wenn es den Astronauten gelingt, Mars, Venus, Jupiter und den Mond zu finden, sollte ich doch in der Lage sein, *Dich* zu finden. Und was ich finde, kann ich behalten, wie es so schön heißt. Also gute Nacht, denk an mich und komm heil und gesund heim.

Dein Henry-San

Sonntag, 20. Oktober 1968

Liebe Hoki-San = Singvogel, Liebesvogel!

Ich kann Dir nicht sagen, wie enttäuscht ich bin, weil ich die ganze Zeit nichts von Dir gehört habe — keine Zeile seit unserem Telefongespräch. Was ist los? Wenn Du krank wärest, würdest Du mich informieren. Und falls Du unterwegs bist, findest Du doch wohl die Zeit, ab und zu eine Postkarte zu schreiben, wenn schon keinen Brief. Ich kann mir nur vorstellen, daß Dich die Briefe, die ich Dir geschickt habe, nicht mehr erreicht haben, bevor Du Tokio verlassen hast. Heute müßtest Du wieder in Tokio Station machen, und ich hoffe, Du hast meine Briefe vorgefunden, besonders den einen mit dem Scheck von der Einkommenssteuer (eine Rückzahlung von über 1400 Dollar). Ich hatte ich Dich gebeten, ihn zu unterschreiben und mir *per Einschreiben* zurückzusenden.

Neulich sah ich im Fernsehen einen kurzen Dokumentarfilm über den Kysushu und all die anderen Vulkane und heißen Quellen in der Gegend. Während ich mir den Film ansah, warst Du bei mir und ich fragte mich, wo Du wohl gerade sein mochtest und ob Du auch Zeit gefunden hast, aufs Land zu fahren? Gestern abend haben wir uns den Film angesehen, den Du bei Deinem letzten Besuch in Tokio gemacht hast. Es waren viele interessante Aufnahmen dabei, und ganz besonders genossen habe ich den Anblick Deiner großen Familie. Ich glaube, ich habe auch Deine jüngste Schwester erkannt, die ich zuerst mit Nobuko verwechselte. Sie sieht sehr hübsch aus. Und so viele Kinder! Und wem gehörte der große amerikanische Wagen? Am meisten überraschte mich die Farbe der Häuser; ich hatte immer gedacht, sie seien sehr trist, farblos, bräunlich. Doch viele Häuser sehen ziemlich lustig aus. Auch die Aufnahmen vom Tempel waren sehr gut. Dich habe ich nur einmal kurz zu Gesicht bekommen — ein einziges Mal. Der Film lief sehr schnell, und es wurde mir dabei etwas schwindelig. Vielleicht hatten wir die Geschwindigkeit falsch eingestellt. Aber ich fand die Aufnahmen trotzdem gut gemacht.

Natürlich bin ich schrecklich neugierig und will endlich erfahren, was los ist. Wie kommst du mit der Gruppe klar? Bist Du glücklich oder ärgerlich? Bei einer Ausstellung der Collagen von Varda bin ich neulich einem Freund von Anaïs Nin begegnet (einem japanischen Wissenschaftler, der mit einer japanischen Schriftstellerin verheiratet ist), und er erzählte mir, daß er Dich vor kurzem im Tokioer Fernsehen gesehen habe. Du hast gesungen und warst wohl sehr gut. Außerdem schrieb mir jemand aus Japan von einer Fernsehsendung, einer Folge aus einer Krimi-Serie, wo ein Mann von Gangstern getötet werden soll. Er sagt: »Laßt mich noch am Leben, ich habe noch viel zu erledigen. Ich muß über Henry Miller schreiben.« Lustig, nicht?

Bis jetzt habe ich noch nichts von Puko-San gehört, aber Du ganz bestimmt. Ich hoffe, sie amüsiert sich gut, obwohl ich mir nicht vorstellen kann, wie das mit einem Holzklotz wie George G. möglich sein soll. Sie wird bestimmt irgendeinen interessanten jungen Mann kennenlernen und sich mit ihm für ein paar schöne Tage davonstehlen. Wenn sie zurückkommt, können wir ihr zwei neue Heiratskandidaten anbieten. Der eine ist ein pensionierter Millionär, etwa 40 Jahre alt. Apropos: Hast Du gelesen, daß Jacqueline Kennedy den griechischen Reeder heiratet? Das kommt mir vor, als würde eine Sirene einem Geier zum Fraß vorgeworfen. Ich bin der Meinung — und glaube, alle empfinden das so: Es ist ein Jammer, daß sie keine romantischere Verbindung eingeht — diese Ehe hat die Aura eines geschäftlichen Arrangements. Zwei Dynastien schließen sich zusammen, um ihr Billionenvermögen zu sichern.

Ich werde diesen Brief liegenlassen bis morgen früh die Post gekommen ist — in der Hoffnung, daß ich einen Brief von Dir im Kasten finde. Dann werde ich diesen Brief zu Ende schreiben. Wenn ich nicht sehr bald etwas von Dir höre, muß ich annehmen, daß es Dir verdammt gleichgültig ist, ob ich warte oder nicht, und *in dem Fall,* tja . . .???? Inzwischen betrachte ich Deine Fotos und führe mit Dir Ferngespräche über die Ätherwellen. Bitte, verstopf Deine Ohren nicht!

Montag, fünf Uhr nachmittags

PS. Habe den ganzen Tag auf einen Eilbrief oder ein Telegramm oder sonst ein Zeichen von Dir gewartet. Aber nichts ist geschehen! Ich werde häufiger »Nam myoho« sagen müssen, vielleicht fünfzigmal am Tag, oder hundert- oder fünfhundertmal. Irgendwie kann ich einfach nicht glauben, daß ich so unwichtig für Dich bin, daß ich nicht einmal eine Postkarte verdient habe. In Paris hast Du tonnenweise Postkarten und Briefe verschickt. Jetzt dagegen Schweigen, nichts als Schweigen! Das Schweigen verursacht mir Ohrensausen. Wenn ich nicht ganz schnell von Dir höre, ziehe ich mich in ein Kloster zurück und verbringe den Rest meines Lebens in völliger Stille.
Genug für heute.
Schläfst Du gut?
Ißt Du gut?
Träumst Du gut?
Singst Du gut?
Was kannst Du nicht gut? Das würde ich gern erfahren.

PPS. Pukos letzter »amant« erhielt gerade eine Postkarte von ihr, aus Paris. Prompter Service! Nobuko wohnt jetzt doch nicht hier.

Mitternacht, 24. Oktober 1968

Stern des Orient, Hoki no koibito!*

Kwannon-Sama** war mir heute wohlgesonnen! Den ganzen Tag und den gestrigen und vorgestrigen Tag habe ich Hunderte von Malen »Nam myoho renge kyo« vor mich hingemurmelt. Alles, damit Hoki-San Kontakt mit mir aufnimmt. Und heute abend hörte ich Deine liebliche Stimme aus Kyoto — gepriesen sei dieser Ort. Es klang wie eine Botschaft von der Venus oder vom Mars. Am Telefon klingst Du immer so weit entfernt, auch wenn Du nur von Anaheim vom Duc de Guise aus anrufst (oder wie immer sein richtiger Name lauten mag).

Es ist schon so lange her, daß ich zum letzten Mal von Dir gehört habe. So sehr, sehr lange her, daß ich Dich sah und umarmte. Gerade heute entdeckte ich in meinem Schreibtisch einen reizenden Schnappschuß von Dir. Puko hatte Dich vor unserem Haus fotografiert. Ich habe das Foto auf den Schreibtisch gelegt, damit ich es betrachten und mit Dir reden kann, auch wenn Du noch so weit weg bist. Und wie durch Zauber hast Du mir heute abend geantwortet. Ich war so überrascht und glücklich, daß ich nicht wußte, was ich sagen sollte. (Ich bin Dir kein guter Gesprächspartner am Telefon, oder?) Danach, wenn ich aufgelegt habe, rede ich mit Dir wie ein Verrückter. Dann sage ich Dir alles, was ich Dir sagen wollte — aber zu spät.

Sogar jetzt mit dem Stift in der Hand fühle ich mich scheu und linkisch. Ich glaube nicht, daß ich je so mit Dir gesprochen habe, wie ich wirklich empfinde. Ich habe den Eindruck, genau in dem Moment, wenn ich bereit bin, mein Herz auszuschütten, wirst Du nervös oder unruhig oder verlegen oder sonst was, bist wie ein Vogel, der mir von der Hand fliegen möchte. Ich fühle mich verloren, wer-

de sprachlos. Ich verstehe nicht, weshalb Du weglaufen möchtest. Meine liebe, liebe Hoki, ich wünsche mir so sehr, Dir ganz nahe zu sein, nicht nur Dich in meinen Armen zu halten, sondern auch in meinem Herzen, unsere Herzen gemeinsam schlagen zu lassen. Vielleicht findest Du das sentimental. Ich kann es nicht ändern. Ich schäme mich meiner Gefühle nicht. In unseren besten Momenten, wenn wir aufrichtig miteinander sind und ganz ernst, habe ich das Gefühl, daß wir wirklich zusammengehören, daß wir ein gemeinsames Leben vor uns haben, daß wir einander glücklich machen und geistig bereichern können. Wenn das nicht stimmt, sollten wir uns trennen. Ich will nicht mit einer Lüge leben und Du bestimmt auch nicht. Ich will keine Spielchen mit Dir spielen — das ist zu kindisch, zu albern. Wenn Du zurückkommst, sei bitte meine Frau, meine Freundin, mein wahrgewordener Traum. Ich brauche Dich, Hoki, mein Liebling. Ich brauche Dich, damit mein Leben so ist, wie ich es mir immer gewünscht habe. Ich will an Dich glauben, so, wie Du hoffentlich an mich glaubst. Wir müssen einander glauben und vertrauen, sonst ist alles eine Farce. Wenn ich Dir nur auf japanisch schreiben könnte! Vielleicht würde ich dann Dein Herz erreichen. Vielleicht könnte ich dann poetischer ausdrücken, was sich jetzt so nüchtern anhört. Wenn ich Deine Fotos betrachte, und ich habe so viele von Dir, denke ich manchmal, ich sehe eine Blume — so zart, so zerbrechlich kommt mir Deine Seele vor. O ja, ich kenne auch die andere Hoki, die hart, praktisch, fordernd, sarkastisch, launisch, ungewöhnlich und unberechenbar ist. Aber das ist nicht die echte Hoki-San. Das ist die Hoki, die lernen mußte, sich in der Welt zurechtzufinden, ihren Weg zu gehen, sich vor Zerstörung zu bewahren. (Kann meine Hoki mich verstehen?)
Niemand hat Henry-San je mehr verletzt als Hoki-San. Doch Henry-San liebt Hoki-San und versucht zu verstehen, zu verzei-

hen, sie so zu akzeptieren, wie sie ist. Es ist einfach, einen Engel zu lieben; es mit seiner Hoki-San auszuhalten, erfordert ein Höchstmaß an Liebe. Und schließlich wird Hoki-San Henry-San mehr Glück, Freude und Erfüllung bringen als irgendeiner von Gottes Engeln. So sehr glaubt Henry-San an Hoki-San. (Verstehst Du mich, meine Bakari?***)

Heute abend bist Du in Kyoto, wie Du sagst. Ich versuche so gut wie möglich, mir Dich dort vorzustellen. Ich kämpfe immer darum, Dich so zu sehen, wie Du bist und wo Du bist. »The night has a thousand eyes, the day but one« (die Nacht hat tausend Augen, der Tag nur eines) — Lord Byron. Ich suche immer nach dieser einen, schönen, strahlenden Sonne, ohne die mein Leben keinen Sinn hat.

Du sagst, Du willst mir aus Kyoto ein Geschenk schicken. Meinst Du — Kwannon? Das einzige Geschenk, das ich von Dir haben möchte, bist *Du* selbst. Gib mir Dein Herz, leg es in meine Hände, ich werde es hegen und pflegen.

Und nun, liebe Hoki, genug für heute. Gute Nacht, süße Träume — und träume treu!

Am 30., d. h. dem 31. in Japan, rufe ich Dich an, und wenn ich Dich nicht erreiche, werde ich es am 31., nach dem amerikanischen Kalender, wieder probieren. Und wenn Du vorher Zeit findest, mir zu schreiben oder zu telegrafieren, werde ich wissen, was ich Dich nie zu fragen wage — daß Du mich liebst. Sei so, wie Du bist, komm heil und gesund heim, und beten wir darum, daß nichts uns trennt.

(Erkennst Du jetzt, was ein kurzer Anruf bewirkt?)

Dein Henry-San

* meine Liebste

** eine Göttin der Gnade

*** meine eine Einzige

Sonntag, 27. Oktober

Liebe Hoki-San,

noch kein Brief von Dir, doch ich fühle, daß bald einer kommt. Ich komme schon, wenn ich nur daran denke. (Im Japanischen sagt man »gehen« statt »kommen«.) Als mir Dr. Natanabe neulich eine Spritze gegen meine Hüftschmerzen gab, sagte er, sie enthalte ein Aphrodisiakum. Zuerst hielt ich das für einen Scherz, aber inzwischen weiß ich, daß es stimmt. Mir ist die ganze Zeit nach »onani«* zumute. Doch dann erinnere ich mich an das, was der Arzt Dir gesagt hat — auch wenn ich es nicht glaube. Übrigens, was gibt es für Neuigkeiten über O-Manko-Sama**? Und wo ist das Foto, um das ich Dich gebeten habe, das ohne Handtuch? Ich warte darauf. Die anderen »koi-bito«***-Fotos, die Du mir geschickt hast, waren etwas für Teenager. Sie erinnern mich an den »Playboy« und nicht an das schwedische Magazin, weißt Du?

Heute nachmittag nehme ich Mako und Michiyo mit zu den Siegels zum Tischtennisspielen. Ich muß dort den Boß der Paramount wegen meines »Krebsfilms« sprechen. Die Produktion geht bald los. In ein bis zwei Tagen wird mir Boy Snyder den Film zeigen (einen Ausschnitt davon), den wir in dem kleinen Café an der Rue Mouffetard gedreht haben — Du und ich beim Tischtennisspielen. Pathé (Paris) hat sich mit der Zusendung des Films all die Monate Zeit gelassen. Wenn Du wieder hier bist, mußt Du für mich posieren, nackt oder halbnackt — Deiner Stimmung entsprechend, damit ich ein paar Aquarelle zum Anschauen habe, wenn Du nicht da bist. (Keine langen Reisen mehr, sonst lege ich mir eine Konkubine zu!)

Ich habe Dir einen Ausschnitt über die Studentenunruhen in Japan geschickt. Ist Dein Bruder dabei verletzt oder festgenommen worden? Hast Du ihn inzwischen gesehen? Ich glaube, auf dem Fami-

lientreffen, das Du mit Deiner 8-mm-Kamera gefilmt hast, war er auch drauf, ja? Ziemlich gutaussehend?
Du bist die Gutaussehende aus dem 12. Jahrhundert, als Vollmond herrschte und das Leben lustig war — vor der Tokudana-Zeit (?).
Hier ist es immer noch recht warm — fast 33 Grad in der Sonne.
Ich gehe jetzt in den Pool. Während ich meine Runden drehe, denke ich an Dich. Kein onani! Nur Liebe. Wie findest Du das?
Schreib bald und öfters. Mach aus den letzten Tagen Deiner Abwesenheit glückliche Tage für mich. Versuch es! (Ich akzeptiere keine Entschuldigungen mehr!)
Bis dann, mach's gut! Turn on, tune in and drop out. Spiel die Kühle, aber laß das Feuer nicht ausgehen.

Dein
Henry-San
im 2. Jahr des heiligen
Ehestands!!!

* Sex
** Vagina
*** Liebling

Donnerstag, 31. 10. 1968

Liebe Hoki-San,

einen kurzen Brief, bevor ich meinen wöchentlichen Arztbesuch mache. Obwohl es schön war, Deine Stimme am Telefon zu hören, bin ich erschrocken über Dein Husten und Keuchen. Bitte, schreib mir in Deinem nächsten Brief, wie es Dir geht. Heute ist der erste Tag seit Wochen, an dem ich nicht im Pool schwimmen werde. Nachdem Du gestern abend am Telefon so viel gehustet hast, bin

ich heute morgen auch mit Husten aufgewacht. (Wenn in Australien eine Frau in den Wehen liegt, also ein Baby bekommt, legt sich auch der Mann zu Bett und hat Schmerzen. *Sympathieschmerzen.* So bin ich!)
Versuche, Dich etwas zu erholen, bevor Du die Rückreise antrittst. Vielleicht ist es hier noch warm genug, daß Du schwimmen kannst. Wir halten den Pool immer bei 30 bis 31 Grad. Ich hoffe, Du hast Deine Ausgaben einigermaßen notiert (und alle Rechnungen aufgehoben), damit Silverman einen Überblick hat. Ich hoffe auch, daß der Scheck, den Du mir schickst, nicht verlorengeht.
Ich warte auf Deine Rückkehr. Du wirst mich inspirieren. Ohne Dich kann ich nicht richtig schreiben oder malen. Also, sei gut zu mir, bleib in meiner Nähe, liebe mich auf Deine eigene liebe Art — das heißt, »so gut, wie Du kannst«. Großherzig erwiesene Dienste werden geschätzt vom elenden ehrenwerten Ehemann. Viele Grüße an Kwannon und omanko Extraordinaire.
Habe heute keine Zeit für Scherze. Behandle Dich wie eine Königin, und selbst wenn es Dich große Überwindung kostet, schreib mir ein paar echte, zutiefst aufrichtige und von Herzen kommende Worte.

Henry-San

PS. Ich vergaß zu sagen — *ich liebe Dich immer noch.*

Samstag, 8.30 Uhr
2. 11. 1968

Immer noch kein Brief, kein Scheck, nichts von Hoki-San. Ich fasse mich heute kurz; ich will nicht, daß die Brieftaube zu schwer zu tragen hat und sich verspätet.

Ich hoffe, Du vergißt nicht, mir ein Andenken an die Göttin Kwannon mitzubringen — vielleicht eine Kopie von ihr als Irobotoka oder Hitohada oder Immei Kwannon — das alles muß Dir ja vertraut sein. Mir gefällt die Vorstellung, daß Kwannon manchmal als »gnädige Vagina« gilt.

Ich lege Dir einen Ausschnitt über einen Deiner Fernsehfilme bei — bei dem Du »der Gaststar« warst. (!)

Vielleicht kommt ein Brief, wenn die Nacht anbricht. Onegai shimasu. O Yasumi nasai! Itadaki masu.*

(Dans mon âme je nage toujours)**

Henry-San
oder
Samson Agonistes

* Tu mir diesen Gefallen. Gute Nacht! Ich hoffe, ich bekomme einen (Brief).

** In meiner Seele schwimme ich immer noch.

Teil III

Das Ende einer Illusion

Anmerkung des Herausgebers: 1969 schrieb Henry 34 Briefe an Hoki. Im Dezember kehrte sie von einem weiteren Japanbesuch zurück, und im Mai 1970 trennten sich beide endgültig. Von 1970 bis 1975 schreiben sich Henry und Hoki noch vereinzelt Briefe — Geburtstagsglückwünsche und dergleichen.

Im Januar fuhr Hoki nach Hawaii in Urlaub.

4. Januar 1969

Liebe Hoki-San,

ich habe mich endlich zu dem Schluß durchgerungen, daß unser Zusammenleben als Mann und Frau sinnlos geworden ist. Wir sind im wahren Sinn des Wortes noch nie Mann und Frau gewesen. Du hast mir nie Liebe oder Zuneigung gezeigt. Wenn ich auf Dich zugehe, läufst Du davon — als wäre ich ein Ungeheuer. Du scheinst Dich nur für Dich selbst und Deine eigene Sicherheit zu interessieren. Wir leben wie zwei Fremde nebeneinander her. Während dieser beiden kurzen Jahre unserer Ehe hatte ich darauf gehofft, daß Du Dich eines Tages ändern würdest, doch offensichtlich kannst oder willst Du das nicht.

Ich mache Dir keinen Vorwurf. Du kannst eben nicht aus Deiner Haut heraus. Aber ich kann ein solch sinnloses Leben nicht fortsetzen. Für mich ist die Liebe das Wichtigste im Leben. Für Dich ist sie offensichtlich unwichtig.

Deshalb finde ich, daß wir uns trennen sollten. Wenn Du zurückkommst, werde ich die Scheidung einreichen. Vielleicht werden wir auf diese Art beide glücklicher.

Henry

Donnerstag nacht

Hoki-San,

heute nacht fühle ich mich todunglücklich. Ich habe versucht, Dich telefonisch zu erreichen, doch umsonst. Heute kam Deine Postkarte. Ich höre immer noch, wie mir Deine Stimme am Telefon mitteilt, daß Du mir eine Karte geschickt hast — als hättest Du mir einen 24karätigen Diamanten zum Geschenk gemacht!
Wie unglücklich hast Du mich seit unserer Hochzeit gemacht, schon vorher. Nie, kein einziges Mal, hast Du mir Liebe, Zuneigung oder Aufmerksamkeit gezeigt — nicht einmal den Respekt, der mir als Deinem Ehemann zusteht. Du bist Deine eigenen Wege gegangen, hast nur das getan, was Dir gefiel, hast Hingabe erwartet, aber selbst keine gezeigt. Ein verwöhntes, mißmutiges Kind, durch und durch egoistisch. Du hast Dich benommen, als wärest Du eine Gefangene in Deinem eigenen Haus.
Wenn ich allein bin, und ich bin ja immer allein, grüble ich, denke nach über unser gemeinsames — oder vielmehr getrenntes — Leben. Und ich frage mich — weshalb hat sie je eingewilligt, mich zu heiraten? War es nur, um ein Dauervisum für Amerika zu bekommen? Fast alles, was Du wolltest, habe ich Dir gegeben, mit Ausnahme eines Nerzmantels. Doch du erkennst das nicht an, zeigst nur Langeweile, Unzufriedenheit. Du kannst es nicht ertragen, auch nur einen Abend zu Hause zu bleiben. Und falls doch, dann nur um Deine Fußnägel zu lackieren, Deine Haare zu waschen oder dergleichen Banalitäten.
Du gehst aus, wann Du willst, wohin Du willst und mit wem Du willst. Und Du findest es selbstverständlich, daß ich zu Hause bleibe und in die Glotze starre. Du verabschiedest Dich mit den Worten: »Bis später«, hast aber nicht die geringste Absicht, zu einer Zeit

nach Hause zu kommen, die uns einen gemeinsamen Abend bescheren könnte. Du bleibst die ganze Nacht weg, betrinkst Dich und sagst mir nicht einmal, wo Du bist oder mit wem Du aus bist. Du tust so, als müßte ich das verstehen und auf die leichte Schulter nehmen. Du denkst nie daran, daß ich vielleicht nachts alle ein bis zwei Stunden aufstehe und nachsehe, ob Dein Wagen in der Garage steht. Du scherst Dich einfach einen Dreck darum. Und Du glaubst, dieses Benehmen gefällt mir. Du glaubst, daß ich Dich dadurch vermisse, Dich noch mehr begehre. Wie sehr Du Dich irrst! Mit jeder gefühllosen, kapriziösen, egoistischen Geste treibst Du mich weiter von Dir fort. Du bringst mich dazu, Dir zu mißtrauen, Dich widerlich zu finden. Was ich einst Liebe nannte, hat sich in etwas viel Geringeres verwandelt — nämlich Verliebtheit. Und sogar die tötest Du durch dein dummes, hirnloses Verhalten.
Wo stehen wir also? Welchen Sinn hat diese Ehe? Als ich Dich heiratete, wollte ich Dich beschützen, Dir das Leben bieten, das Du Dir gewünscht hast. Du hast immer gesagt, daß Du die Arbeit in der Pianobar haßt. Aber Du fährst nach Japan, schuftest Dich ab für nichts und wieder nichts, machst auf meinen Namen 3000 Dollar Schulden und behauptest, das sei sehr wichtig gewesen. Du hast keinen Ehrgeiz, Du arbeitest nicht gern und doch benimmst Du Dich, als ob Du ein Star wärst. Hast Du Dich je wirklich ehrlich unter die Lupe genommen? Hast Du einmal Deinen falschen Stolz fallen lassen und Dich als das menschliche Wesen gesehen, das Du bist? Hast Du auch nur eine Minute Deines Lebens an jemand anderen als an Dich selbst gedacht?
Ich denke an den Abend vor Deiner Abreise nach Hawaii. Du warst die ganze Nacht aus und hast Dich betrunken, wie ich gehört habe. Ich bin jede Stunde aufgestanden, um zu sehen, ob Du zurückgekommen bist, habe mir Sorgen um Dich gemacht. Am Früh-

stückstisch habe ich Dich getroffen, Du kamst gerade von der Bushaltestelle zurück. Du erzähltest mir seelenruhig, Du hättest gerade Deinen Vater zum Bus gebracht. Kein Wort darüber, daß Du die ganze Nacht fort warst. Vielleicht denkst Du, ich weiß das nicht. Kein Grund, sich zu entschuldigen — Henry-San hat ja tief geschlafen. Aber Henry-San hat nie tief geschlafen, wenn Du nachts unterwegs warst. Er kommt keine Nacht zur Ruhe, wenn Du aus bist — und wie viele viele Nächte hast Du ihn allein gelassen (einschließlich unserer beiden Hochzeitsnächte)!!! Und das ist wirklich unverzeihlich.

Und diese Hawaii-Reise. Es ist so wichtig, Sumiko Hawaii zu zeigen. Aber Sumiko ist nur zwei oder drei Tage dort. Es ging also gar nicht um Sumiko, sondern um Deinen eigenen egoistischen Wunsch, Urlaub zu machen. Es stimmt, daß ich am Montag, als ich Dich anrief, um zu erfahren, wann Du zurückkommst, gesagt habe: »Bleib solange Du willst, einen Monat, wenn Du willst.« Und weshalb habe ich das gesagt? Weil ich das Gefühl hatte, es ist besser für Dich, wenn Du dort bleibst, wo Du glücklich bist, statt nach Hause zu kommen und mit mir unglücklich zu sein. Und dann erzählst Du mir fröhlich, daß Du mir eine Postkarte geschrieben hast, als wäre ich ein Kind, das man mit einem Bonbon glücklich machen kann. Wie großzügig von Dir. Was für eine fürstliche Behandlung! Du hast diese enorme Anstrengung auf Dich genommen, in ein Geschäft zu gehen, eine Karte zu kaufen, ein paar banale Worte darauf zu kritzeln, eine Briefmarke draufzukleben, zum Postamt zu gehen und sie in den Briefkasten zu werfen. Wie wunderbar! Wie liebevoll! Ich sollte vor Dir niederknien und mich bedanken, nicht wahr? Domo Arigato*, Hoki-Sama! Welcher Edelmut!

Fängst Du an zu verstehen, wie Du wirklich wirkst? Glaubst Du, ich übertreibe? Oh Frau, das ist nicht einmal ein Tausendstel von dem, was ich Dir sagen könnte. Ich vergesse kein einziges Wort und keine einzige Geste von Dir. Kein Versprechen, das Du gebrochen hast, habe ich vergessen. Ich kenne dich bis auf den Grund Deiner Seele. Sogar Deine Tränen verraten mir Deine Unehrlichkeit. Du hast mich nie täuschen können. Ich war geduldig mit Dir, das ist alles. Ich habe gehofft entgegen aller Hoffnung. Doch es war alles umsonst. Du wirst Dich nie ändern. Du hast kein Herz. Du hast nicht einmal die Ehrlichkeit einer Hure. Du bist von Kopf bis Fuß eine Betrügerin — und jeder weiß es, sogar Du selbst.

Henry-San

PS. Ich habe mit Frauen gute und schlechte Erfahrungen gemacht, die mit Dir ist weitaus die schlimmste.

* Vielen Dank

Januar 1969

Liebe Hoki-San,

willkommen zu Hause! Wie geht es Dir? Mußte heute abend zu Mr. Gimpels Master Class, sehe Dich aber morgen früh.
Neulich war Riko hier, und obwohl ich keine Fragen stellte, erzählte sie mir einiges über Dich, lauter erfreuliche Dinge, und eine echte Überraschung — nämlich, daß Du mich wirklich und echt lieben würdest!
Wenn das stimmt, dann fällt es mir noch schwerer, zu verstehen, weshalb Du Dich weigerst, das zu zeigen. Weshalb läufst Du immer

vor mir davon, wenn ich Dich umarmen möchte? Erzähl mir nicht, daß japanische Frauen ihre Liebe so nicht zeigen, ich weiß es besser. Ich hätte Dir nie solche Dinge geschrieben, wenn ich nicht verzweifelt gewesen wäre. Ich bin nicht auf eine Scheidung aus, möchte nur Deine Liebe — und Zuneigung. Aber, wie ich Dir gesagt habe, wenn Du Dein Gefühl nicht zeigen kannst, bleibt nichts anderes übrig als die Trennung. Glaube mir, das würde mir viel mehr Schmerzen bereiten als Dir. So sehr mich die Art, wie Du mich behandelst, verletzt, ich liebe Dich und kann nichts dagegen tun. Und es ist etwas Schreckliches, die Liebe eines Menschen zu töten. Kein anständiger Mann oder keine anständige Frau möchte das tun.

Aber, meine liebe Hoki, Du weißt wohl genauso gut wie ich, daß zwei Menschen, die sich gegenseitig ihre Liebe gestehen, bestimmt einen Weg finden können, diese Liebe auszudrücken und sie miteinander zu teilen. Ich glaube, was Du zu Riko gesagt hast. Ich bitte Dich nur darum, es zu zeigen.

Du hast mich mehr als alle Frauen, die ich je gekannt habe, aus dem Gleichgewicht gebracht, frustriert und verletzt, und doch habe ich irgendwie das Gefühl, daß Du es nie absichtlich getan hast. Vielleicht bin ich unbeholfen, linkisch, sage und tue das Falsche, doch mein Herz ist am rechten Fleck; mein Herz sehnt sich nach Dir. Ich hätte so gern, daß Du für immer meine Frau bist. Jetzt liegt es an Dir, ich habe gesagt, was zu sagen ist.

Schlaf gut, und der Herr möge Dich segnen und beschützen.

Henry-San

Freitag, 3.30 Uhr nachts

Hoki-San,

wieder einmal bin ich wütend auf Dich. Heute abend besitzt Du die Stirn, mir zu sagen, daß Du seit Deiner Rückkehr aus Hawaii vier Abende geopfert hast — vier langweilige Abende, um mir zu gefallen. Und der Gipfel ist, daß Du behauptest, Du wärest lieber zu Hause geblieben und hättest Dich da amüsiert, gerade Du, die Du nie zu Hause bleiben willst, weil Dich das langweilt.
Deine verwöhnte, egoistische Art macht mich nicht nur ärgerlich, sie stößt mich ab. Ich habe das Gefühl, mit einem herzlosen kleinen Ungeheuer zu leben. Nie wieder werde ich Dich bitten, mich zu meinen Freunden zu begleiten oder mir einen Gefallen zu tun, genauso wenig will ich Deine Freunde sehen oder für sie etwas unternehmen. Laß uns getrennte Wege gehen, bis es so schlimm wird, daß wir den Anblick des anderen nicht mehr ertragen können und wir uns im Guten trennen.
Die Briefe, die ich Dir geben wollte, vernichte ich. Mit Dir nach Paris oder sonstwohin zu reisen, steht nicht mehr zur Diskussion. Weshalb soll ich mich selbst unglücklich machen? Was kannst Du für mich tun, das ich nicht selber tun könnte? Was hast Du je getan, um mir zu zeigen, daß Du meine Frau bist?
Ich wiederhole — Du widerst mich an. Grenzenlos. Es ist mir egal, wie es weitergeht. Ich habe jedes Interesse an einem gemeinsamen Leben mit Dir verloren. Ich könnte mir die nächstbeste Hure holen und würde von ihr besser behandelt werden als von Dir. Manchmal frage ich mich, ob Du weißt, was Du sagst und tust oder ob Du schlafwandelst.

Henry-San

Gegen Ende Januar kamen Hokis Vater und Stiefmutter wieder zu Besuch und wohnten bei den Millers.

Januar 1969

Hoki-San,

ich bin sehr böse auf Dich. Du hättest mich nicht so brüskieren sollen. Ich kann Dir nicht verzeihen. Du sagst, ich küsse alle Welt, dabei möchte ich nur *Dich* küssen. Doch Du zeigst mir nie eine Spur von Liebe oder Zuneigung. Du bist nicht einmal eifersüchtig. Was soll ich tun?
Dieser ganze Unsinn hängt mir zum Hals raus. Das ist wie im Kindergarten. Entweder benimmst Du Dich wie eine Frau oder — ich liebe Dich und finde immer Entschuldigungen für Dich und die Art, wie Du mich behandelst —, aber Du gehst zu weit. Du denkst nur an Dich, was *Du* willst und so weiter.
Wenn *Du* mich wirklich liebst, zeig es, beweise es mir. Sonst muß ich mir jemand anderen suchen. Ich kann so nicht weiterleben mit Dir. Es ist zum Verrücktwerden.
Heute abend warst Du wunderbar. Aber ich hatte nicht das Gefühl, daß es meinetwegen war. Du wolltest Dich betrinken. Du hast Dich betrunken. Doch was bringt Dir das?
Ich habe nicht die Absicht, für Deinen Vater und Deine Stiefmutter den Babysitter zu spielen. Ich werde nicht zu Hause sitzen und darauf warten, daß Du irgendwann nachts oder morgens nach Hause kommst. Ich bin *keine* japanische Ehefrau.
Wenn Dir unser Lebensstil nicht gefällt, dann laß uns die Scheidung einreichen. Ich habe es satt, ein solch irrsinniges Leben zu führen.

Henry-San

Im Juni reist Hoki nach New York, von dort aus will sie mit dem Schiff nach England fahren und später weiter nach Paris. Henry plant, sie entweder in London oder in Frankreich zu treffen.

(An Hoki in New York) Montag, 2. 6. 1969

Liebe Hoki-San,

ich füge Dir einen Eilbrief aus Japan bei. Wenn Du mich am Mittwoch anrufst, erzähle ich Dir, was Oko geschrieben hat — Riko kommt morgen früh, um es zu lesen. Habe mich sehr gefreut, Deine Stimme zu hören — Du klangst aufgeregt, glücklich, sehr lebendig. Bravo! Ich werde Dir nach London schreiben, an die Adresse meiner Verleger — Calder und Boyars — Du hast ja ihre Adresse und Telefonnummer. Gleich sause ich los, um bei Gimpels zu essen. Jeden Tag habe ich eine Einladung zum Essen, ich will mich aber nicht langweilen, deshalb koche ich mir ab und zu selbst etwas.

Ich war überrascht — und auch wieder nicht —, nicht einmal eine Postkarte von Dir zu bekommen. Aber jetzt freue ich mich auf einen richtigen Brief, ja? Oder?

Ich habe Dir so viel zu erzählen, daß ich gar nicht weiß, wo ich anfangen soll. Aber vieles kannst Du Dir denken, nicht wahr? Du hast »Calcutta« erwähnt. Aber hast Du auch »I am Curious (Yellow)« gesehen? Im Vergleich dazu ist »Wendekreis des Krebses« harmlos — ganz natürlich, normales Bumsen, doch sowas ist inzwischen kalter Kaffee.

Ich hoffe, die Schiffsreise gefällt Dir. Ich bin überzeugt, daß Du zu den »Starpassagieren« gehören wirst. Wenn Du für die Mannschaft singst, dann sing bitte »Fly me to the Moon«, und ich höre es über Satellit. Laß es Dir gut gehen, denk ab und zu an mich und *schreib mir!!!*

Herzlichst
Dein Henry-San

Viele Grüße an die liebe Puko-San, meine *treulose* Konkubine Nr. 1.

(An Hoki-San in London)

6. Juni 1969

Liebe Hoki-San,

es gibt nicht viel zu erzählen, höchstens, daß ich fleißiger bin denn je. »Paris-Match« (Zeitschrift) schickt morgen jemanden wegen eines Interviews und Fotos. Dann folgt »Life«. Außerdem bin ich damit beschäftigt, ein langes Manuskript für Bradleys Buch zu lesen und zu korrigieren. Am Sonntagnachmittag Tischtennis bei Kapers. Eine weitere Filmvorführung für Tommy Smothers, der uns vielleicht einmal pro Woche am spielfreien Abend den Saal zur Verfügung stellt, in dem »Hair« gespielt wird (um unseren Dokumentarfilm zu zeigen).

Im Augenblick sieht es so aus, als würde ich am 24. oder 25. Juni abreisen, zuerst nach Montreal, dann nach London und am 1. Juli in Paris sein. Wir haben noch kein passendes Apartment in Paris gefunden. Wenn wir keines mehr rechtzeitig finden, gehen wir ins Hotel Le Royal am Blvd. Raspail, mein altes Hotel. Die Zimmer sind so, wie wir sie wollen, und der Preis anständig.

In ein bis zwei Tagen schreibe ich Mr. Calder und teile ihm den Termin meiner Ankunft in London mit. Ich würde gerne etwas fürs Fernsehen machen und ein Treffen mit der Presse arrangieren.

Gestern abend kam Lisa Lu und brachte köstliches chinesisches Essen für sieben Leute. Shushuen ist zur Zeit in Monte Carlo, doch niemand hat ihre Adresse. Ihr Film wurde in Cannes gezeigt, bekam aber keinen Preis.

Der nächste Brief wird wieder persönlicher — dieser hier klingt wie ein Geschäftsbrief, verzeih mir. Ich kann mir Dich auf dem Schiff vorstellen, wie Du am Piano Dein Repertoire in x-Moll zum besten gibst.

Halte mich auf dem laufenden. Viele liebe Grüße. Amüsier Dich gut.

Henry-San

PS. Ich füge Dir Okos Brief und Postkarte bei.

(Kopie für Hoki)
DIE FREUDE, BÜCHER WIEDERZUENTDECKEN
(für Yomiuri-Shimbun)

Einer der wenigen Vorteile des Alters ist das Vergnügen, ein wirklich großes lohnenswertes Vergnügen, seine Lieblingsbücher mit einem Abstand von dreißig, fünfzig, ja sogar siebzig Jahren wiederlesen zu können. Erst vor ein paar Monaten beschloß ich, mal wieder *Cuore (The Heart of a Boy)* von dem italienischen Autor Edmondo de Amicis zu lesen. Jede Seite rief Erinnerungen wach an die Zeit des ersten Lesens. Ich war damals neun oder zehn Jahre alt. Ich hatte die gleichen Gefühle wie vor fast siebzig Jahren. Hinzu kam der kritische Scharfsinn des alten Schriftstellers, der ich inzwischen bin. Ich habe heute den Eindruck, daß die literarische Kost, die den jungen Leuten vor einem halben Jahrhundert oder mehr geboten wurde, ein höheres Niveau hatte als die heutige. Ich denke an Schriftsteller wie Rider Haggard und Henryk Sienkiewicz, den polnischen Autor, und an George Alfred Henty, den englischen Schriftsteller, der historische Romane für junge Leute schrieb. Unter dem Weihnachtsbaum lagen jedes Jahr acht bis zehn seiner Bücher, die ich wie ein hungriger Wolf verschlang. Als ich zwölf Jahre alt war, hatte ich ungefähr 75 seiner Romane gelesen. Allein schon die Namen dieser Bücher faszinierten mich: *The Cat of Bubastes,* zum Beispiel, oder *The Lion of the North* (dort stieß ich auf Wallenstein, der sowohl Astrologe als auch Feldherr und Diplomat war) etc. Hentys Werk hat mir fraglos mehr über Geschichte vermittelt als alle Schulbücher, die ich lesen mußte. Erst viele Jahre später, als ich Oswald Spenglers *»Der Untergang des Abendlandes«* las, wurde mein Interesse für Geschichte erneut geweckt. Ich weiß nicht, wie das in Japan ist, aber hier in Amerika habe ich den Eindruck, daß wir selten Bücher noch einmal lesen. Hier sind Bücher (Taschenbücher) relativ billig, werden rasch wieder zur Seite gelegt und schnell vergessen. Wir sind nicht stolz auf unsere Privatbibliothek wie z. B. die Franzosen und die Deutschen. Wir tragen unsere Taschenbücher nicht zu einem Buchbinder und lassen sie nach unserem Geschmack neu binden. Ich kenne auch keine Leute, die nach Büchern suchen, die sie vor Jahren gelesen haben und jetzt aufs neue genießen wollen. Genauso ist es mit Häusern, Autos, Kleidern, Ehefrauen und Geliebten, hier hält nichts lange. Wir sind das krasse Gegenteil der alten Ägypter, die in Begriffen wie Ewigkeit dachten. Uns erscheint nichts kostbar, nichts weckt in uns ein Gefühl der Ehrfurcht oder Achtung.

Wenn ich von Ehrfurcht, Achtung, Liebe und Verehrung, Schönheit und Fantasie spreche, fällt mir eine früher sehr bekannte britische Schriftstellerin ein, deren Pseudonym Marie Corelli lautete. Zwölf Jahre oder länger war sie die führende britische Schriftstellerin; das war in der Zeit um die Jahrhundertwende. Während der Pubertät habe ich heimlich (im Bett) ihre *Vendetta* und *Thelma* und *Wormwood* gelesen. Mit 21 kannte ich die meisten ihrer Bücher. Erst ungefähr 25 Jahre später, als bei einer Unterhaltung in Paris ihr Name im Zusammenhang mit Reinkarnation erwähnt wurde, war mein Interesse an ihr wieder geweckt. Zur Zeit ihres größten Erfolges war sie Zeitgenossin von Schriftstellern wie G. K. Chesterton, Rider Haggard und Oscar Wilde. Wilde hat ihr übrigens öffentlich seine Hochachtung ausgedrückt, obwohl sie von den Kritikern ihrer Zeit als sehr mittelmäßige Schriftstellerin beurteilt wurde.

Erneut laß ich mit Genuß *The Master Christian, The Sorrows of Satan* und *The Soul of Lilith* and *Life Everlasting.* Trotz allem, was gegen sie gesagt worden ist und trotz der Tatsache, daß an ihrem Stil manches zu bekritteln ist, fand ich sie wunderbar, inspirierend. Sie besaß große Einbildungskraft und eine Begeisterung, wie sie nur wenigen Schriftstellern je zu eigen ist. Ich bewunderte vor allem die Art, wie sie über Liebe schrieb (bei ihr wurde Liebe immer großgeschrieben).

Die Liebe Gottes, die Liebe zu unseren Mitmenschen, Liebe zwischen Mann und Frau. Ideale Liebe, ewige Liebe, Liebe *in excelsior.* Ihrer Meinung nach gibt es irdische Liebe nur zwischen Seelenverwandten, also zwischen zwei Menschen, die von der Ewigkeit füreinander bestimmt waren. Extravagant? Zweifellos. Selten? Ungeheuer selten. Doch welch ein Balsam für eine dürstende Seele! Welche Erleichterung nach den gräßlichen psychologischen und soziologischen Dramen, die uns als Teil der Wirklichkeit präsentiert werden! Sie war nicht nur Schriftstellerin, sondern zweifellos auch musikalisch begabt: Sie sang, spielte Harfe und war eine vollendete Pianistin, die Konzerte gab, in denen sie ausschließlich improvisierte (eine Gabe, um die ich sie immer insgeheim beneidet habe). Eine weitere Schriftstellerin, die ich in meiner Pariser Zeit wiederentdeckt habe, ist Lady Murasaki (*The Tale of Genji*). Als ich das erste Mal auf sie stieß, muß ich ungefähr zwanzig gewesen sein. Wie ich auf ihr Werk kam, weiß ich nicht mehr, aber damals befaßte ich mich sehr mit orientalischer Literatur, Religion und Philosophie. Wenn Petronius Arbiter als der erste Romanautor gilt, als was bezeichnen wir dann Lady Murasaki, deren moderner Geist sich zu einer Zeit ausdrückte, als die großen Kathedralen und die erste

Universität in Europa eben erst im Entstehen begriffen waren? Ihr Japan des 12. Jahrhunderts steht in ebenso deutlichem Kontrast zu den nachfolgenden Perioden japanischer Kultur, wie die glorreiche Zeit des Mittelalters in Kontrast zur Renaissance steht. Inmitten primitiver Bedingungen finden wir höfisches Benehmen, Kunstverstand und Freimütigkeit beim Sex. Im Vergleich dazu erscheint das heutige Japan fast psychotisch.

Kurz nach meiner Heirat stieß ich erneut auf Pierre Lotis *Madame Chrysanthème* (O Kikou San). Obwohl dies (glaube ich) das erste europäische Buch über Japan war, bezweifle ich sehr, daß es dem japanischen Leser von heute vertraut ist. Welch ein fantastisches Bild von Japan (die Gegend von Nagasaki) dieses Buch präsentiert! Es ist mit Gift, Bosheit und Gehässigkeit geschrieben und amüsiert den Europäer durch karikierenden Humor, grobe Verzerrung und Engstirnigkeit. Dies ist das genaue Gegenteil von seinem *Disenchanted*, einem Roman über das Leben in einem türkischen Harem. Dieses Buch habe ich mehrere Male gelesen, immer mit der gleichen gefühlvollen Hingabe. Diese wunderbaren kultivierten Frauen, vollkommen in allen Künsten, erfahren auch in der Kunst der Verführung und immer geheimnisumhüllt.

Dabei muß ich auch die japanischen Märchen erwähnen, auf die ich stieß, als ich mich mit den Märchen anderer Länder befaßte. Als ich den Film *Kwaidan* sah, erinnerte ich mich an die Bücher von Lafcadio Hearn, die ich vor fünfzig Jahren gelesen hatte; mir fiel wieder ein, welch tiefen Eindruck die japanischen Märchen damals auf mich gemacht hatten. In vielen der japanischen Filme, die ich in den letzten Jahren gesehen habe, werde ich nicht nur an die Schönheit und Fantasie erinnert — soll ich sagen die »Widerspiegelungen« der japanischen Seele —, die sie enthüllen, sondern auch an das Entsetzen und die Grausamkeit, die offenbar auch ein Bestandteil der japanischen Psyche sind. Die Psychoanalytiker haben uns in unseren Märchen, vor allem denen der Brüder Grimm, den unterschwelligen Sadismus, die unbarmherzige Grausamkeit aufgezeigt. Das erklärt möglicherweise unser infantiles Verhalten als Erwachsene. In den japanischen Filmen und Märchen scheint jedoch ein übertriebenes Element von Grausamkeit enthalten zu sein, genauso wie in der erotischen Kunst Japans eine Überzeichnung sichtbar ist. Vielleicht übertreibe auch ich, wenn ich solche Betonung auf *japanische* Grausamkeit lege.

Hier mag der Eindruck entstehen, daß ich viele Bücher aufs neue lese. Doch das ist nicht der Fall. Erst in späteren Jahren habe ich damit angefangen, Lieblingsbücher wieder zu lesen. Zwei Bücher muß ich unbedingt noch erwähnen, da ich sie am häufigsten gelesen habe; Hermann Hesses *Siddharta* (vor allem die letzten Seiten) und Knut Hamsuns *Mysterien*. Von allen Romanen, die ich gelesen habe, und Gott weiß, ich habe Berge davon gelesen, bleibt *Mysterien* mein Lieblingsbuch, ungeachtet der Tatsache, daß ich Dostojewskis Romane für die besten halte. Ich habe nie feststellen können, ob es ins Japanische übersetzt wurde. Wenn das nicht der Fall ist, wie ich vermute, möchte ich die Übersetzung unbedingt einem mutigen japanischen Verleger ans Herz legen.

Henry Miller

19. Juni 1969

Liebe Hoki-San,

bekam Deinen Brief aus London erst gestern. Ob Joe Strick Dich wohl in Paris angerufen hat wegen einer möglichen kleinen Rolle in dem »Krebs-Film«? Ich schrieb Dir davon in einem meiner nach London adressierten Briefe (an die Adresse meines englischen Verlegers). Hast Du dort nach Post gefragt? Ich bin überrascht, daß Dir London auf den ersten Blick gefallen hat. Ich fand die Stadt immer gräßlich, monoton und häßlich. Ja sicher, die Leute auf der Straße sind nett, sehr freundlich und hilfsbereit. Ich bin dort vom 26. bis 30. — im Savoy Hotel (eine Luxussuite mit Gerald!), einem der besten Hotels. Inzwischen wirst Du in Paris sein — und ich hoffe, Du hast meinen Brief (bei Oko) wegen George Belmont erhalten. Vielleicht arbeitest Du schon für Strick?

Höchstwahrscheinlich werde ich im Hotel le Royal — 212, Blvd. Raspail wohnen. Ich gebe Anweisung, *keine* Anrufe für mich durchzustellen, sondern sie an Gerald oder die Paramount-Sekretärin weiterzuleiten. Also frag nach Gerald, wen Du mich dort anrufst. Mein Zimmer, ein Einzelzimmer, hat *ein* großes Bett, also wirst Du wohl kaum Lust haben, mit mir dort zu wohnen.

Je näher meine Abreise rückt, desto hektischer wird alles. Ich bewege mich wie auf Rollschuhen, sehe gut aus und fühle mich wohl. Ich hoffe, das hält an. Ich weiß weder genau, was ich in Paris zu tun habe, noch wie lange. Also rechne nicht allzu sehr damit, daß ich nach St. Tropez oder sonstwohin fahre. *Falls* ich mich Mitte August von der Arbeit loseisen kann, würde ich lieber heimfahren, mich einen Monat lang erholen und dann nach Japan reisen. Mal sehn.

Bradley Smith erzählte mir neulich, daß er vor ungefähr zwei Jahren im Flugzeug nach Japan neben einer Japanerin gesessen habe, die ihm erzählt hat, sie habe im Imperial Gardens gesungen und Klavier gespielt. Sie war sehr betrunken, und es war ihr sehr schlecht (weil sie am Abend zuvor eine große Abschiedsparty gegeben hatte — ha ha!). Er half ihr und gab ihr schließlich seine Telefonnummer im Ekura Hotel. Am nächsten Tag rief sie ihn an, und er sagte, sie hätten vier schöne Tage miteinander verbracht. An dieser Stelle wurden wir unterbrochen, und ich habe nie herausgefunden, wer das Mädchen war. Könnte es Hoki Tokuda gewesen sein? Hier gibt es sonst nichts Neues. Ist Puko immer noch bei Dir? Jeff ist ohne Frage in Japan. Connie hat mit seinem Vater gesprochen — er sagt, daß er Jeff Geld geschickt hat. Seltsam, nicht? Aber ich denke, er hat nur einen Kurzbesuch vor. (Vielleicht hat er ein japanisches Mädchen in Paris getroffen?) Amüsier Dich gut — ich bin überzeugt, Du tust es!

Dein
Henry-San

(Von Henry in Paris an Hoki, die wieder zu Hause in Kalifornien ist.)

25. 8. 69

Liebe Hoki-San,

Dein netter Brief kam vor ein paar Tagen, aber ich hatte noch keine Gelegenheit, ihn zu beantworten. Bin immer beschäftigt. War die letzten beiden Tage im Bett, habe mir den Magen verdorben.
In wenigen Minuten trete ich bei George zu Hause zwei Stunden lang im Fernsehen auf. Neulich habe ich ein zweistündiges Interview fürs Radio gegeben. Sie wollen daraus eine Platte und ein kleines Buch machen — alles auf französisch. Morgen treffe ich Marcel Marceau und werde mit ihm wieder über den Film sprechen.

Wenn ich nach Hause komme, wartet viel Arbeit auf mich — vor allem an Bradleys (»Bloody«) Buch, außerdem an zwei weiteren. Ich glaube nicht, daß ich nach Tokio fliege. Bin schon jetzt ausgepumpt, habe das Reisen statt und wünsche mir nur, zu Hause zu sein und mein Leben so einzurichten, wie ich mag. Ich habe so viele Leute gesehen und mit so vielen geredet, daß ich niemanden mehr sehen mag außer ein paar engen Freunden.

Tony macht sich sehr gut als Fotograf und bekommt hier und da kleine Aufträge. Heute hat er Geburtstag, und wir geben ihm eine Geburtstagsparty in einem hübschen Restaurant — Oko kommt auch dazu. Das erste Mal, daß ich sie seit Deiner Abreise sehe.

Shushuen hat großen Erfolg mit ihrem Film. Alle Kritiken loben sie in den Himmel. Sie hat ihn an Kanada und ein paar andere Länder verkauft. Columbia B. C. will ihn haben — zu einem sehr guten Preis! —, doch sie will mehr. Auf jeden Fall haben die ihr den Auftrag für ihren nächsten Film in Kambodscha gegeben. Sie versucht, Gerald (und wenn möglich auch Tony) zu überreden, mitzukommen. Ich schicke Dir ein paar Seiten mit, die ich über einen japanischen Film geschrieben habe, den wir uns vor kurzem angesehen haben. Sie sind um 3 Uhr morgens im Bett entstanden. Habe gerade herausgefunden, daß Michino-Sex anonymer Sex ist — d. h. Sex mit allem und jedem. Ist das richtig?

Ich hoffe, Du treibst Harry und Connie nicht aus dem Haus, bevor ich zurück bin. Ich freue mich sehr darauf, in den Pool zu steigen und Tischtennis zu spielen. Dieses Leben hier ist sehr ermüdend und monoton. Ich werde Tony vermissen, das ist alles. Und vielleicht werde ich irgendwann im Winter zurückfahren, um ihn zu treffen. Wir haben uns sehr gut kennengelernt.

Also werde ich Dich bald sehen. Und es macht mir nichts aus, wenn Du etwas fülliger bist. Du siehst mit jedem Gewicht gut aus.

Beste Grüße an Puko. Ich hoffe, Arthur ist gut zu ihr! Ich umarme Dich.

Viele liebe Grüße
Henry-San

(Ende September kehrt Hoki nach Japan zurück, um einen Film zu drehen.)

24. September 1969

Chère petite Hoki-San,

kaum bist Du weg, und schon vermissen wir Dich alle. »Wir«, das ist auch Dein liebender Ehemann. Besonders *ich!* Wie geht es Dir? Welchen Eindruck machte Tokio auf Dich, als Du gelandet bist? Nun bist Du also wieder »im Land der himmelblauen Wasser«. Banzai!

Ich habe noch nichts von Mr. Tumata gehört, aber wahrscheinlich wird er sich in ein bis zwei Tagen melden. Ich hoffe, er schreibt mir eine schöne Summe gut. (Aber versuch bitte, nicht alles auf einmal auszugeben!)

Ich lese immer noch das Buch über die japanische Sprache und Bräuche. Sehr, sehr interessant. Ich verstehe jetzt, weshalb die Japaner sich so gern betrinken und weshalb man ihnen ihr schlechtes Benehmen immer verzeiht, wenn sie betrunken sind (*sehr* interessant!).

Der Tag ist grau und trüb. Einer der Tage, an denen man mit Vergnügen Selbstmord begehen könnte. Statt dessen gehe ich mit Michiyo zum Dinner und sehe mir »The Midnight Cowboy« an (ha, ha). Ob er wohl auch in Tokio gespielt wird?
Herzliche Grüße an Deinen Vater-San und seine Frau. Ich vermute, ich werde Keiko vor Nikko sehen und Tomoko vor Rokoko (was immer das bedeuten mag).
Wenn Du interviewt wirst von einer Zeitung oder dem Radio oder sonstwem, sag ihnen, daß Henry-San (vertrottelter »sukebei»)* seine Hoki-San immer noch liebt, immer noch an sie glaubt und nur das Bestreben hat, sie glücklich zu machen. Okay? Schreib mir nur, wenn Dir danach zumute ist. Aber ich hoffe, ab und zu ist Dir danach zumute.

Herzlich
Henry

* »Sexbesessener«

27. Oktober 1969

Liebe Hoki-San,

»A Black Day at Black Rock« — und doch, wer kann sagen, was gut oder schlecht für uns ist? Wie ich Dir auf meiner Karte geschrieben habe, hat mir Michiyo neulich Deinen langen Brief vorgelesen. Am Abend zuvor hat sie den Artikel über uns übersetzt, der in einer Frauenzeitschrift erschienen ist. Und heute kommt ein weiterer Ar-

tikel von einer japanischen Zeitschrift mit einem Foto von Dir, wie Du die Hochzeitstorte anschneidest und einem auf dem Du mit einem Mädchen am Tisch sitzt (noch nicht übersetzt, doch ich wappne mich gegen schlechte Nachrichten).
Irgendwann im Laufe dieser Woche fahre ich mit Bob Snyder nach Big Sur, um dort zu filmen. Muß auch meine Schwester im Altenheim in der Nähe von Monterey besuchen. Sie stirbt langsam an Krebs und will mich unbedingt sehen.
Heute morgen kam ein Brief von Tony, in dem er mir schreibt, ich würde mir Illusionen machen über meine Freunde in Paris. Wenn er wüßte, daß ich mir keine Illusionen mache, weder über meine Freunde noch meine Frauen oder Idole. Gerade jetzt lebe ich in dem kalten hellen Licht der Wahrheit, das alles gleich macht — Verrat, Untreue, Betrug, Lüge, Diebstahl, Erpressung und Falschheit. Es kommt alles aufs gleiche raus, denn die Menschen sind wie sie sind, und niemand kann sie ändern, nicht einmal Gott der Allmächtige. Wir müssen das annehmen, was uns gegeben wird, ob uns das gefällt oder nicht. Wir müssen zwischen den Zeilen lesen, ob die Buchstaben nun chinesisch oder japanisch sind, lesbar oder unlesbar, ob es sich um Tatsachen oder Fiktion handelt. Ich schreibe Dir heute auf englisch, weil mein Japanisch nicht ausreicht.
Gestern habe ich Dein Kuvert geöffnet (mit den zurückgegebenen Schecks) von der Bank, da ich aus Versehen annahm, es sei meines. Tut mir sehr leid. Am 24. September betrug Dein Bankguthaben bei der Security First Bank 709.69 Dollar.
Da Du Dir nicht sicher bist, ob Du zurückkommst oder nicht, was soll ich mit dem Wagen machen? Soll ich ihn der Heilsarmee schenken? Er ist auf den Namen von *Mr.* Hiroka Miller ausgestellt, den es nicht gibt, was macht das also? Es gibt unzählige Dinge, die ich Dir erzählen möchte, aber heute ist nicht der richtige Tag dafür.

Ich bin zu klar im Kopf, und die Klinge meines Samuraischwerts ist so scharf, daß sogar mein warmer Atem sie stumpf machen würde.
Gestern gab mir beim Tischtennisspiel (Kapers) jemand dieses Goethezitat: »Behandle die Menschen, als wären sie so, wie sie sein sollten, und du hilfst ihnen, das zu werden, was sie werden können.«
Ich bin erstaunt. Jahrelang habe ich das versucht, ohne großen Erfolg. Ich glaube, es ist vielleicht besser, die Menschen so zu nehmen wie sie sind und sie auch so zu lieben. Dann hat man nichts zu verlieren — oder zu gewinnen. Man balanciert auf dem Hochseil, aber es gibt immer ein Netz, das einen auffängt, wenn man fällt.
Doch nun zu etwas anderem . . . Ich halte es wirklich für keine gute Idee, wenn Du eine Boutique oder dergleichen aufmachst. Von Anfang an habe ich daran gezweifelt und die Idee nicht für gut gehalten, nun bin ich fest davon überzeugt, daß es nichts ist. Rechne also nicht mit meiner Hilfe, wenn Du Dich entschließen solltest, zurückzukehren. Genausowenig würde ich Dir raten, Deine Schwester mitzubringen und bei uns wohnen zu lassen. Zu viele Leute haben nun mitbekommen, wie wir leben — nämlich getrennt —, und ich möchte mein Gesicht nicht noch mehr verlieren. Wir beide, Du und ich, müssen uns überlegen, ob wir weiterhin getrennt leben oder anfangen wollen, miteinander zu leben. Bis jetzt hast Du in allem Deinen Willen durchgesetzt. Und wenn nicht alles so läuft, wie Du willst, brichst Du zusammen, gerätst in Panik, drohst mit einem Nervenzusammenbruch. Mit anderen Worten: Du benimmst Dich wie ein Kind. Und das kannst Du nicht ewig tun. Irgendwann mußt Du erwachsen werden.
Ich verstehe vollkommen, was passiert ist, als Puko sich in Arthur verliebt hat. Du mußt jetzt erkennen, daß Du Dir über Deine Be-

ziehung zu Puko etwas vorgemacht hast. Du brauchtest sie noch mehr als sie Dich. Sie war Deine Marionette, die Puppe, mit der Du als Kind nicht gespielt hast. Du hast sie über Deinen eigenen Mann gestellt. Er wollte Dich, brauchte Dich, liebte Dich — aber Deine kleine Puppe, Deine Sklavin, kam zuerst. Ich erinnere mich so genau an Dein schändliches Verhalten, als wir zum zweiten Mal geheiratet haben. Es war noch schlimmer als das erste Mal. Ich hoffe zu Gott, daß ich keiner Menschenseele je sage, welch entsetzliche Scham Du mir angetan hast, noch will ich je von der tiefen Demütigung sprechen, die Du mir als Mann zugefügt hast, als Du mich nach unserem großen Streit beschworen hast, niemals mit Dir zu schlafen. Mehr noch ... ich frage mich, ob Du vergessen hast, wie — bevor wir beschlossen zu heiraten — Du verzweifelt überlegtest, wer Dich nehmen würde — ich Dir vorschlug, den Chinesenjungen im Restaurant (Grand Star) zu heiraten und gesagt habe: »Du kannst ihn heiraten, aber Du brauchst ja nicht mit ihm zu schlafen.« Und Du gabst zur Antwort: »O nein, so etwas würde ich nie tun. Ich müßte mit ihm schlafen.« Mit anderen Worten: Du warst bereit, für ihn das zu tun, was Du mir verweigert hast.

Ich habe das Gedächtnis eines Elefanten. Ich könnte Dir noch unzählige solcher Geschichten aufzählen, und Du würdest antworten: »Aber Du hast mich mißverstanden.«

Hoki-San, der einzige Mensch, den Du je an der Nase herumgeführt hast, bist Du selbst. Wie oft, wenn Du mir schamlos ins Gesicht gelogen hast, dachte ich bei mir: Wenn sie sich jetzt im Spiegel sehen könnte, würde sie erkennen, daß niemand ihr glauben kann. Die Lüge steht in ihrem Gesicht, in jeder Geste.

Und in Deinem Brief an Michiyo ist Dir ein Patzer unterlaufen, der sehr aufschlußreich war. Du hast geschrieben, wie sehr Du Dir wünschst, jemanden zu treffen, in den Du Dich verlieben kannst oder so ähnlich. Und Michiyo liest mir das vor — verlegen und errötend! Jesus! Kannst Du mich noch stärker kränken? Michiyo hat gerade den Artikel aus der anderen Frauenzeitschrift übersetzt: Jetzt bin ich noch trauriger. Jetzt erzählst Du der ganzen Welt, wir hätten keinen Sex miteinander — ich bin wie ein Großvater für Dich (autsch!) Und all den Unsinn über die Hippies und den Jaguar. Oh Gott, mir wird übel. Was für ein Geschwätz! Wie trivial! Und wie unreif! Und die Diamanten und Smaragde! Welch ein Mist! Wie ich das alles verabscheue!

Und was für eine Lüge, von unserer Partnerschaft und unseren guten Gesprächen zu schwärmen. Wenn wir das nur gehabt hätten! Wenn da nur eine Spur von Partnerschaft gewesen wäre! Was tust Du — Du belügst Dich selbst und die anderen. Wann wirst Du endlich die Wahrheit sagen?

Ich habe von den schrecklichen Dingen gesprochen, die Du gesagt und getan hast. Ich erinnere mich auch an ein paar schöne Augenblicke — so wenige in so langer Zeit. Vielleicht ein halbes Dutzend in all den Jahren, die ich Dich kenne. Denk daran! Balzac hat einmal gesagt, er könne sich nur an drei oder vier glückliche Tage in seinem ganzen Leben erinnern. Und ich, der ich Dich liebe, kann das gleiche sagen.

Wenn ich Deine Platte (Sony) auflege, schmelze ich dahin. Ja, schon der Klang Deiner Stimme bringt mich zum Schmelzen. Deine Stimme und Deine Augen haben mich gefangen. Und sie halten mich immer noch fest. Dafür vergesse ich all das Leid, das Du mir zugefügt hast. Was für ein Narr ich bin, was für ein Romantiker! Ein »romantchu«. Alles war wie ein »musei« — ein feuchter Traum. Doch ich muß mich selbst heilen. Ich kann so nicht weitermachen. Es bringt mich um.

Ich bin nicht Dein »Großvater«. Ich will keine platonische Liebe, habe nichts mit Hippies zu tun. Ich möchte nicht nur Gesellschaft. Was für eine Partnerschaft haben wir wirklich gehabt? Du hast mich schlimmer behandelt als einen Feind, Du hast mich vor Deinen Freunden und vor der ganzen Welt gedemütigt. *Mich!* Mich, der ich Deine einzige Zuflucht war, der Dich heiratete, obwohl ich wußte, daß Du mich nicht liebtest. Wenn ich wirklich ein großherziger Mensch wäre, hätte ich nichts von Dir erwartet. Aber ich bin nicht so großmütig. Ich bin ein Mensch. Ich erwarte etwas von Dir. Und wenn Du mir das nicht geben kannst, sollten wir uns trennen. Weshalb mit einer Lüge leben? Du behauptest, Du habest nicht aus finanziellen Gründen geheiratet. Vielleicht stimmt das sogar. Aber *weshalb hast Du geheiratet?* Ich erinnere mich, wie Du bei Stefanino's nach meinem Heiratsantrag gesagt hast, Du wollest mir eine gute Frau sein. Aber warst Du das wirklich? Kannst Du ehrlichen Herzens ja sagen? Denk darüber nach! Frag Dich selbst, ob Du mir gegenüber fair und ehrlich gewesen bist. Ich liebe Dich trotzdem. Ich kann es nicht ändern. Es ist wie eine Krankheit. Aber ich werde nicht mehr mit Dir zusammenleben, wenn Du mir nicht ein wenig Liebe und Zuneigung entgegenbringen kannst. Lieber bringe ich mich um, als daß ich ewig so weiterlebe.

Dein
Henry-San

Anmerkung der Herausgeberin: Statt in Japan zu bleiben, kehrte Hoki im Dezember 1969 zu Henry zurück. Die Spannungen und Belastungen ihrer Beziehung dauerten an, bis sie sich im Mai 1970 endgültig trennten. Hoki zog nach Marina del Rey und eröffnete eine Boutique in Beverly Hills. Sie besuchte Henry weiterhin, und bis 1975 schrieb er ihr gelegentlich.